Oldenbourg Interpretation
Band 69

Oldenbourg Interpretationen
Herausgegeben von
Klaus-Michael Bogdal und Clemens Kammler

begründet von
Rupert Hirschenauer (†) und Albrecht Weber

Band 69

Robert Schneider

# Schlafes Bruder

Interpretation von
Angelika Steets

Oldenbourg

Die Seitenangaben in Klammern beziehen sich auf folgende Ausgabe:
Robert Schneider: Schlafes Bruder. Leipzig: Reclam 1994 u. ö.
(Reclam-Bibliothek, Band 1518).

Zitate sind halbfett gekennzeichnet.

Die Deutsche Bibliothek – CIP-Einheitsaufnahme
**Angelika Steets:**
Robert Schneider, Schlafes Bruder: Interpretation / von
Angelika Steets. – 1. Aufl. – München: Oldenbourg, 1999
(Oldenbourg Interpretationen; Bd. 69)
ISBN 3-486-88695-9
NE: GT



Bei Zitaten, Literaturangaben und Materialien im Anhang ist die neue Rechtschreibung noch nicht berücksichtigt.

1. Auflage 1999 R
Unveränderter Nachdruck 03 02
Die letzte Zahl bezeichnet das Jahr des Drucks.

Umschlagkonzeption: Mendell & Oberer, München
Typografisches Gesamtkonzept: Gorbach GmbH, Buchendorf
Lektorat: Ruth Bornefeld
Herstellung: Lutz Siebert-Wendt
Satz: jürgen ullrich typosatz, Nördlingen
Druck und Bindung: Druckerei Appl, Wemding

ISBN: 3-486-88695-9

# Inhalt

# 1 Autor und Werk

## 1.1 Ein erfolgreicher Autor

Robert SCHNEIDER ist ein junger, aber nicht mehr unbekannter Autor. Der überraschende Erfolg seines Debütromans *SCHLAFES BRUDER* und der ebenso überraschende Misserfolg seines zweiten Romans *DIE LUFTGÄNGERIN* haben gleichermaßen dazu beigetragen, ihn ins Zentrum der literarischen Kritik wie des öffentlichen Interesses zu rücken. Innerhalb kürzester Zeit ist SCHNEIDER zur literarischen Kultfigur geworden. Er selbst hat an diesem Prozess entscheidenden Anteil. Er liebt öffentliche Auftritte und den Kontakt zum Publikum, stellt sich Fragen von Kritikern und Journalisten, lässt sich in seinem Heimatdorf Meschach oder in seiner Wohnung in New York fotografieren und hat nichts dagegen, dass Details aus seinem Privatleben und den Hintergründen des Literaturbetriebs öffentlich werden. Dennoch weiß man im Grunde wenig über diesen Autor. Ein Hang zu Selbststilisierung und Mythenbildung lässt die Grenze zwischen Wirklichkeit und Fiktion, realer und erfundener Person verschwimmen. **Ich lege falsche Fährten**[1], warnt er seine Interviewer.

Robert SCHNEIDER wird 1961 in Bregenz, Österreich, geboren. Wer seine leiblichen Eltern sind, lässt er **nach Kaspar-Hauser-oder-Elias-Alder-Art**[2] im Ungewissen. **Nicht zu wissen, woher man kommt, hat auch etwas Magisches.**[3] Nach der Geburt wird er in ein SOS-Kinderdorf gebracht. Ein Vorarlberger Landwirtehepaar nimmt ihn auf und zieht ihn, zusammen mit drei weiteren Adoptivkindern, in Meschach groß, einem **gottverlassenen, föhngepeitschten** Nest mit achtundsechzig Einwohnern, dem er sich nie wirklich zugehörig fühlt[4]. Die Zieheltern kümmern sich wenig um ihn, sie sind wohlhabend, aber **unglaublich knausrig** und leben in einer Welt, in der es **weder Musik noch Bücher, nicht mal die Bibel,** gibt. Die Beziehung zum Vater ist gespannt; von seiner Mutter spricht Schneider positiv, allerdings deutlich auf sich selbst bezogen. **Sie hat an mich geglaubt. Sie wusste immer, der ist etwas ganz Besonderes.** Dass er bedingungslos den eigenen Weg gehe, habe er von ihr.[5]

Dieser Weg führt ihn nach dem Besuch des Gymnasiums in Feldkirch nach Wien, wo er von 1981 an Komposition, Kunstgeschichte und Theaterwissenschaft studiert. 1986 bricht er alle Studien ab, nachdem er schon vorher den Entschluss gefasst hat zu schreiben. **Im Jahre 1984 beschloß ich, Schriftsteller zu werden.**[6] Auf die Frage, was diese Entscheidung ausgelöst habe, erzählt SCHNEIDER, dass er im Zug von Salzburg nach Vorarlberg das

Buch eines jungen Österreichers gelesen habe und auf dessen Erfolg eifersüchtig gewesen sei. **So! Jetzt werde ich es euch zeigen!**, will er sich in dieser Situation gesagt haben.[7]

Schneider kehrt in sein Heimatdorf zurück und versucht sich zunächst als Dramatiker. Eines der frühen Stücke ist *Traum und Trauer des jungen H.*, eine Künstlergroteske mit dem jungen Adolf Hitler als Hauptfigur, die am 20.11.1993 im Schauspielhaus in Hannover uraufgeführt wird. Sein bekanntestes Stück ist *Dreck*, der dramatische Monolog eines Asylanten, der seine Angst vor dem Fremden herausschreit. Es hat am 10.1.1993 im Thalia Theater in Hamburg Premiere. Obwohl *Dreck* zum meistgespielten Stück der Saison wird, Schneider den Dramatikerpreis der Potsdamer Theatertage erhält und in der Zeitschrift ***theater heute*** zum Nachwuchsdramatiker des Jahres gewählt wird, ist das Theater für ihn nicht die eigentliche Domäne. **Ich bin ein verunglückter Theaterautor.**[8] Sein Feld ist die Prosa.

Der Roman *Schlafes Bruder* entsteht 1990, innerhalb von nur sechs Monaten. Schneider, nach eigener Aussage **immer sehr pfiffig im Organisieren von Literaturstipendien**[9], ist in dieser Zeit materiell entlastet durch ein amerikanisches Privatstipendium zur Förderung junger europäischer Autoren (Abraham-Woursell-Award). Zwei Jahre lang bietet er das Manuskript vergeblich Verlagen im deutschsprachigen Raum an. Nach 23 Absagen entschließt sich der Leipziger Reclam Verlag (Lektor Thorsten Ahrend), den Roman zu drucken. Er erscheint im August 1992 in einer Erstauflage von 4000 Exemplaren.

Obwohl der Verlag kaum Geld in die Werbung investiert[10], wird *Schlafes Bruder* innerhalb kürzester Zeit zu einem der größten Publikumserfolge der deutschsprachigen Gegenwartsliteratur. Der Roman ist in vier verschiedenen Ausgaben erhältlich, als Hardcover (1. Aufl. 1992), als Taschenbuch (1. Aufl. 1994), als Liebhaberausgabe im Schuber (1. Aufl. 1995) mit einem bis dahin unveröffentlichten Text aus den Vorarbeiten zum Roman bei Reclam sowie als Taschenbuchausgabe in Großschrift bei dtv (1. Aufl. 1997), und erreicht bis zum Jahresbeginn 1998 eine Gesamtauflage von 1,4 Millionen Exemplaren. Auch ausländische Verlage interessieren sich rasch für das Buch. Inzwischen ist *Schlafes Bruder* bereits in 24 Sprachen übersetzt worden.

Von der literarischen Kritik wird der Roman mit lebhaftem Interesse und weitgehend positiv aufgenommen (vgl. 1.2). Die positive Einschätzung schlägt sich in einer Reihe von Literaturpreisen nieder: 1993 erhält Schneider das Robert-Musil-Stipendium der Stadt Wien, 1994 den Literaturpreis der Salzburger Osterfestspiele und den Prix Médicis Etranger (den als deutscher Autor vor Schneider nur Thomas Bernhard mit *Alte*

*Meister* erhalten hat), 1995 den Marieluise-Fleißer-Preis der Stadt Ingolstadt und zwei italienische Preise, den Premio Itas del Libro di Montagna und den Premio Grinzane Cavour.

Parallel dazu interessieren sich andere Künstler für den Stoff. 1993 wird *Schlafes Bruder* als Ballett im Pfalztheater Kaiserslautern aufgeführt, 1996 durch Herbert Willi als Oper (zu der Schneider zusammen mit Willi das Libretto schreibt) in Zürich. Beachtung findet vor allem die Verfilmung des Romans durch Joseph Vilsmaier, die im Oktober 1995 in die Kinos kommt. Als Drehbuchautor hat Schneider einen entscheidenden Anteil am Film, sieht aber die Zusammenarbeit mit Vilsmaier als missglückt an. Ein Traum scheint gescheitert und Schneider zieht die Parallele zum abgebrochenen Musik-Studium.[11] Aus dem Wissen heraus, **wahrscheinlich kann ich nur Prosa schreiben**[12], wendet er sich so erneut dem Roman zu.

Der Verkaufserfolg seines Debütromans gibt Schneider die Möglichkeit sich Zeit für den zweiten Roman zu lassen. *Die Luftgängerin* erscheint im Januar 1998. Einzelne Teile sind früh entstanden, schon vor der Niederschrift von *Schlafes Bruder*.[13] Nach Verhandlungen mit mehreren größeren deutschen Verlagen wird Schneider mit dem Münchener Karl-Blessing-Verlag aus der Bertelsmannverlagsgruppe einig, der ihm einen eindrucksvollen Vorschuss (man spricht von einer knappen Million Mark) bietet und eine noch eindrucksvollere Werbesumme garantiert. Als Autor, der **einfach sehr genau Bescheid (weiß), wie es auf dem Buchmarkt zugeht**, und seinen **Marktwert sehr genau** kennt[14], nimmt Schneider die Vermarktung seines zweiten Romans selbst in die Hand, um den Bestsellererfolg des Erstlings durch einen weiteren Sensationserfolg zu krönen und somit seine literarische Unvergleichlichkeit unter Beweis zu stellen. **Es gibt in der deutschen Literatur keinen wie mich!**[15] Die Kritik reagiert auf so viel **Größenwahn**[16] irritiert; die im rheintalischen Jakobsroth spielende Geschichte der Maudi Lathur, von der man nicht weiß, ob sie Engel oder Mensch ist, und deren Wesen es ist, die Sehnsucht in den Menschen wachzuhalten, wird nahezu einhellig und zum Teil schonungslos verrissen. Die Verkaufszahlen stehen aber auch diesmal auf Schneiders Seite: mehr als 57 000 Exemplare in den ersten zwei Wochen. Unbeirrt von den Vorwürfen der Kritik formuliert er, ohne ironischen Unterton, sein literarisches Credo, seine künstlerische Mission: **schreiben gegen den Zynismus und für die Sinnlichkeit**[17] in einer entzauberten Gegenwartswelt.

Indessen recherchiert Schneider für seinen dritten Roman mit dem vorläufigen Titel *Geographie der Nacht*, der in New York spielen soll und auf einer authentischen Geschichte beruht: Zwei Geschwister werden in den Zwanzigerjahren aus dem Rheintalischen mit einem One-Way-Ticket nach

Amerika expediert. **Ich rekonstruiere daraus eine Liebesgeschichte zweier Menschen, die in New York Fuß fassen, sich weigern, Englisch zu sprechen und konsequent ihr heimatliches Dorf weiterleben.**[18]

SCHNEIDER sieht die drei Romane als Trilogie. Auch wenn er den geographischen Bogen von Geschichte zu Geschichte weiter spannt, vom vorarlbergischen Weiler Eschberg über die rheintalische Kleinstadt Jakobsroth zur Weltmetropole New York, hält er am Dorf als Grundthema fest. Selbst in New York entdeckt SCHNEIDER **nur Dörfer**[19].

In dieser Provinzgebundenheit scheint auch ein Kern der SCHNEIDER'schen Person zu liegen. Der **Marketing-Stratege** und **hochgebildete Globetrotter ist**, so lassen die Interviews und öffentlichen Auftritte vermuten, letztlich **Dorfbauernbub** und **Naturbursche**[20] geblieben, hinter dem geschickten Entertainer und exzentrischen Selbstdarsteller bleibt der **Vorarlberger Kleinhäuslersohn**[21] greifbar, ein Mensch, den es aus der New Yorker Wohnung immer wieder zurück nach Meschach zieht, wo er sich im Haus seiner inzwischen verstorbenen Zieheltern **ein wunderschönes Zuhause für (s)einen Schmerz** geschaffen hat[22].

Damit dieser existenzielle Spagat gelingt, muss SCHNEIDER vom authentischen Leben sprechen. Die Suche nach dem Authentischen spiegelt sich in den Gestalten und Themen, die er in seinen Romanen beschwört, umfasst aber auch die Art und Weise, wie SCHNEIDER sich selbst in seine Romane einbringt. Neben den autobiografischen Bezügen, die er für *SCHLAFES BRUDER* wie *DIE LUFTGÄNGERIN* immer wieder herstellt, ist vor allem die grundsätzliche Tendenz gemeint, Roman und Leben in eins zu setzen, die Trennung zwischen Fiktion und Wirklichkeit aufzuheben. **Ich bin das Buch.**[23] Wenn man diese Aussage nicht nur als werbewirksamen Slogan versteht, dann lässt sie die strukturellen Parallelen erkennen, die zwischen Roman und realer Person bestehen. Auf *SCHLAFES BRUDER* bezogen heißt das: Die *Lesarten,* die der Roman anbietet – Dorfgeschichte, Künstlerroman, Heiligenlegende (vgl. Kap. 3) – sind auch die *Lesarten,* die die Biografie andeutet – Bauernsohn, genialischer Dichter, Erweckungspoet. So gesehen mag auch SCHNEIDERS Vorhaben durchaus konsequent erscheinen, vor seinem Haus in Meschach einen Park anzulegen, in dem die Hauptfiguren seiner Romane als Skulpturen aufgestellt werden.[24]

## 1.2 Die Rezeption des Romans

Die Rezeption von Robert SCHNEIDERS *SCHLAFES BRUDER* durch die Literaturkritik steht in engem Zusammenhang mit dem unerwarteten Verkaufserfolg des Romans. Man kann ein differenziertes Wechselspiel beobachten, das umso interessanter ist, als es auch ein verändertes Verhältnis von Literatur und Öffentlichkeit spiegelt.

Als die Kritiker zu rezensieren beginnen, hat das Erfolgsphänomen bereits eingesetzt (der Roman wird auf der Frankfurter Buchmesse 1992 als literarischer Geheimtipp gehandelt) und muss mitverarbeitet werden. Die Feuilletons der großen Tageszeitungen und Wochenzeitschriften reagieren mit ausführlichen und fast durchweg positiven Besprechungen. Rainer Moritz vom Reclam Verlag begründet das Interesse der Kritik an dem Debüt-Roman eines damals völlig unbekannten Autors mit dem **Ost-Bonus**[25] des Verlags und mit der Tatsache, dass der Roman als einzige Neuerscheinung im Verlagsprogramm '92 als Novität wahrgenommen wurde. Beim Lesen der Kritiken entsteht jedoch der Eindruck, dass die günstigen Bedingungen bei Erscheinen des Titels als Erklärung für die rasche und positive Aufnahme des Romans nicht ausreichen. So wie ein Teil der ersten Reaktionen formuliert ist, kann man annehmen, dass der Text einen empfindlichen Nerv nicht nur der Leser, sondern auch der Rezensenten (miteingeschlossen ist immer auch die weibl. Form) trifft, die den deutschen Roman häufig als kopflastig und langweilig abtun und nach dem literarischen **Coup**[26] Ausschau halten, der den Abstand vor allem zum amerikanischen Roman aufholen könnte. Von einem **meisterhaften Roman**[27] spricht Herbert Ohrlinger (***Die Presse***), der die erste Rezension verfasst; der Schriftstellerkollege Erich Hackl (***Die Zeit***) lobt den **Zauber des Romans** und **die bezwingende Komposition**[28]; Armand Seghers (***Hamburger Abendblatt***) erkennt ein **vollkommenes, virtuos-musikalisches Sprachkunstwerk**[29] und Thomas E. Schmidt (***Frankfurter Rundschau***) ein **erzähltechnisch perfekt** gebautes Werk[30].

Die Begeisterung der Kritiker schreibt die kommerzielle Erfolgsgeschichte des Romans weiter fort. Die wenigen kritischen Stimmen sind verhalten und so formuliert, dass sie den Kaufanreiz eher fördern, als dass sie ihm abträglich wären. Auch die kontrovers geführte Diskussion im ›Literarischen Quartett‹ erhöht die Erwartungen und den Umsatz. Während Hellmuth Karasek von dem **höchst satirischen, ironischen Roman** angetan ist, sieht Sigrid Löffler nur **Kunsthandwerk,** und Iris Radisch, als Gast, moniert das **Spitzengeklöppelte** des Textes. Marcel Reich-Ranicki will sich nicht festlegen, bescheinigt SCHNEIDER aber eine **große Schreibbegabung.**[31] Insgesamt gesehen scheint der Roman nicht nur auf die Leser, sondern auch auf die Rezensenten **wie eine Droge**[32] zu wirken, wie Martin Doerry im *Spiegel* prognostizierte. Erst aus dem zeitlichen Abstand heraus gewinnt ein gewisser Skeptizismus gegenüber dem Roman Kontur. Sigrid Löffler (***Die Zeit***) argwöhnt, nachdem sie die *LUFTGÄNGERIN* gelesen hat, dass Leser- und Kritikerschaft, auf der Suche nach den **ganz großen Gefühlen,** bei Erscheinen des Romans nicht genau hinsehen wollte, **berauscht wie sie war von diesem schreiberischen Furor ecstaticus aus der alemannischen Bergwelt.**[33] Mirjam Schaub spricht schon vorher sogar von einem **Verschwinden der Literaturkritik.**[34]

Die Vorwürfe gegen eine unkritische Kritik sind wesentlich durch die negative Aufnahme des zweiten Romans geprägt, der von der Presse ähnlich einhellig verrissen, wie der Erstling bei seinem Erscheinen hochgejubelt wurde. In Bezug auf die literarische Einschätzung von *SCHLAFES BRUDER* hat diese Unisono-Verurteilung eine doppelte Wirkung. Einerseits knüpft nahezu jeder Rezensent an SCHNEIDERS erfolgreiches Debüt an, sodass mehr als fünf Jahre nach seinem Erscheinen sozusagen eine zweite Kritikwelle ausgelöst wird, die die erste noch einmal wie im Brennglas fokussiert und SCHNEIDER einmal mehr zum **Wunderkind der Gegenwartsliteratur in deutscher Sprache**[35] stilisiert. Der kommerzielle Erfolg des ersten Romans wird vor dem Hintergrund des Scheiterns des zweiten Romans als Garant für literarische Qualität akzeptiert. Auf der anderen Seite werden nun rückblickend auch Zweifel bezüglich der (vor)schnellen Wertung laut. **Keine Frage, da war einem ein Wurf gelungen. Gunst der Stunde? Zufallstreffer? Oder eine neue Qualität des Erzählens?**[36] Oder: **Mit dem ersten Buch hat der Autor vielleicht geblendet, verblüfft oder einfach Glück gehabt.** Erst mit dem zweiten entscheide sich **seine Tauglichkeit als Autor.**[37] Diese Überlegungen implizieren, dass der zweite Roman rückwirkend den ersten relativiert.

Gleichwohl zeigt gerade das Beispiel der *LUFTGÄNGERIN*, dass eine negative Einschätzung durch die Presse den kommerziellen Erfolg nicht unmittelbar berühren muss. Ungeachtet der vernichtenden Kritiken verkauft sich der zweite Roman anfänglich ähnlich gut wie der erste und demonstriert damit, dass das Geschäft mit dem Bestseller mehr denn je eigenen, nichtliterarischen Gesetzen gehorcht, die Ausdruck des immer härter werdenden Verdrängungswettbewerbs auf dem Buchmarkt und der damit verbundenen Beschleunigung der literarischen Produktion sind. Von diesen Mechanismen ist auch die Literaturkritik betroffen, bei der es sich, wie Ulrich Greiner anhand von SCHNEIDERS Romanen in der ***Zeit*** feststellt, in den meisten Fällen gar nicht mehr um klassische Rezensionen handelt, sondern um schnelle Buchtipps, um **literarische Verbraucherberatung.**[38] Die Rezeption von *SCHLAFES BRUDER* durch Publikum und Literaturkritik ist – so zeigen diese Überlegungen – in besonderer Weise symptomatisch für den aktuellen Literaturbetrieb. Dass der Roman neben Patrick Süskinds *DAS PARFUM* (1985) zum größten Verkaufserfolg der deutschsprachigen Gegenwartsliteratur werden konnte, bleibt dennoch letztlich unerklärlich.

Im Vergleich zur regen Rezensionstätigkeit hat dagegen die literaturwissenschaftliche und literaturdidaktische Auseinandersetzung mit SCHNEIDERS *SCHLAFES BRUDER* bisher nur am Rande des Literaturbetriebs stattgefunden.

1994 nimmt Karin Fleischanderl in ihrem Essay zum *Schreiben in Zeiten der Postmoderne* ausdrücklich auf Schneiders Roman Bezug, wobei sie ihre äußerst kritischen Beobachtungen zum Roman einem Rundumschlag gegen das Kunsthandwerkliche der Postmoderne unterordnet. Sie zieht vor allem gegen Schneiders postmodernen Jargon, gegen die Pseudo-Originalität seiner Sprache, zu Felde.[39] In einem ähnlichen literarischen Kontext betrachtet auch Uwe Wittstock 1994 den Roman. In seinem weniger dogmatischen Zugriff auf die literarische Postmoderne findet *Schlafes Bruder* eine ausgewogenere Einschätzung, da Wittstock das ironische Element betont, das aus der effektvollen Kontrastierung der wohlbekannten Stereotypen des deutschen Künstlerromans mit denen der sozialkritischen Bauernliteratur resultiere.[40]

1996 reagiert der Reclam Verlag Leipzig auf die zahlreichen Nachfragen nach dem Roman, vor allem von Lehrerseite, mit der Herausgabe eines Materialienbandes. Rainer Moritz stellt die wichtigsten Rezensionen zum Roman und zum Film sowie eine Reihe von Essays und Interpretationen zusammen und leitet den Band mit einem ausführlichen Überblick über die Erfolgsgeschichte des Romans ein. Die Originalbeiträge befassen sich mit unterschiedlichen Einzelaspekten. Hermann Wallmann betrachtet die Komposition von *Schlafes Bruder*, insbesondere Anfang und Ende des Romans, Klaus Zeyringer geht den Bezügen zum Genre der Dorfgeschichte nach, Mark Werner stellt unter gattungstypologischem Gesichtspunkt die Frage nach der Heiligenlegende. Einen theologischen Interpretationsversuch unternimmt Ulrich H. J. Körtner, indem er die religiösen Motivzusammenhänge nachzeichnet. Hermann Schlösser wählt den musikhistorischen Ansatz und unterzieht die Einzigartigkeit der musikalischen Begabung von Elias Alder durch Vergleich mit den zeitgenössischen Komponisten einer kritischen Überprüfung.

1996 analysiert Jutta Landa *Schlafes Bruder* als dezidierten österreichischen Dorf- und Heimatroman, der breit angelegte Identifikationsvorgänge erlaube, die sowohl konservative als auch zeitkritische Leser einbinde, und als postmoderne Parodie auch noch das intellektuelle Vergnügen literarischer Spurensuche bereithalte. Dies erklärt in ihren Augen den Aufstieg des Romans zum **Breitband-Bestseller.**[41]

Der erste literaturdidaktische Beitrag erscheint 1994 in der Zeitschrift ***Praxis Deutsch***. Unter dem bezeichnenden Titel *Lesen, Schreiben, Zeichnen, Hören, Gehen* zeigt Ottmar Gassner produktionsorientierte Zugangsweisen zum Roman auf, die sich auf die Hörwunder-Szene beziehen. Den produktionsorientierten Ansatz übernimmt auch Gudrun Marci-Boehncke, die 1996 in der gleichen Zeitschrift einen Fragebogen zur Verfilmung des Romans vorstellt.

1996 veröffentlicht *Der Deutschunterricht* ein von Bernhard Arnold Kruse geführtes Interview mit SCHNEIDER, der eine Reihe von Fragen anspricht, die für seine Sicht des Romans von Interesse sind. Im Mittelpunkt stehen erzählerische und sprachliche Aspekte. SCHNEIDERS Aussagen decken sich zum Teil mit Äußerungen in späteren Interviews, sind aber in dem spezifischen Veröffentlichungsrahmen sachlicher und differenzierter als die publikumswirksamen Statements, die anlässlich der Publikation des zweiten Romans in großen Tageszeitungen und Magazinen erscheinen.[42]

Die erste zusammenhängende Darstellung im Rahmen der Literaturdidaktik stammt von Magret Möckel und erscheint 1997 in der Reihe *KÖNIGS ERLÄUTERUNGEN UND MATERIALIEN* im Bange-Verlag. Die Schwerpunkte der Untersuchung liegen, neben den schülerorientierten Erläuterungen und Zusammenfassungen, auf der Personencharakteristik, der Erzählperspektive und den Themen und Motiven des Romans. Die Autorin wählt einen klassischen, textimmanenten Ansatz und stellt eine Materialgrundlage bereit, die für weiter reichende Analysen genützt werden kann. Literaturästhetische und übergreifende interpretatorische Fragen sind weitgehend ausgespart. Offen bleibt vor allem die Frage nach SCHNEIDERS Umgang mit Formen und Inhalten der erzählerischen Tradition, die seine Position im Kontext der Gegenwartsliteratur bestimmt.

Die literaturwissenschaftlichen und -didaktischen Bemühungen um den Roman machen, insgesamt gesehen, eine für SCHNEIDER typische Situation deutlich, die sich bereits in den Kontroversen der Literaturkritik andeutete. Der Roman bietet sich einerseits als interessantes und ergiebiges Untersuchungsfeld für Einzelaspekte an. Damit verbunden ist allerdings die Gefahr der Überbetonung und Überinterpretation eben dieser Aspekte. Der Roman verschließt sich auf der anderen Seite einer Gesamtdeutung, die im Einklang mit überkommenen Vorstellungen von ästhetischer Qualität und Sinnhaftigkeit von Literatur steht. Aus diesem Grund ist es notwendig, literaturästhetische und -didaktische Ansätze bereitzustellen, in deren Rahmen der Versuch einer umfassenden Darstellung angelegt werden kann. Ausgangspunkt ist – als Arbeitshypothese – die Ästhetik der literarischen Postmoderne, in deren Bezugsrahmen sich der Roman einschreibt. SCHNEIDER selbst greift in dem von Kruse geführten Interview das **Stichwort Postmoderne**[43] auf. Auch für Moritz, der das Buch in einem Atemzug mit Süskinds *PARFUM* und Ransmayers *LETZTE WELT* nennt, lässt sich **Sinn und Unsinn postmoderner Literatur [...] gerade an *SCHLAFES BRUDER* prächtig verhandeln.**[44]

# 2 Literarische Postmoderne und Lektüre

## 2.1 Zur Ästhetik der literarischen Postmoderne

Das Stichwort *Postmoderne* ist trotz intensiver philosophischer und literaturwissenschaftlicher Diskussion schillernd geblieben[45], da es sich auf eine Fülle sich überschneidender und zum Teil widersprüchlicher Sachverhalte bezieht. Als Epochenbegriff hat es sich (noch) nicht etabliert; Lyotard bezeichnet *Postmoderne* als einen **Gemüts- oder Geisteszustand**[46], Zima als eine gesellschaftliche und literarische **Problematik**[47]. Im Verhältnis zur Moderne (bzw. zum Modernismus) wird eher die Kontinuität der Erscheinungen als der radikale Bruch betont. Die Postmoderne kann als eine der Moderne bereits innewohnende kritische Gegenbewegung bezeichnet werden, die diese radikalisiert und mit anderen Mitteln fortsetzt.[48]

Eine rein literaturimmanente Betrachtungsweise greift zu kurz, da Postmoderne auch literarisch betrachtet ein Phänomen ist, das ästhetische *und* soziale Fragestellungen impliziert. Aus dieser Perspektive ist es notwendig, postmoderne Tendenzen in der Literatur zunächst als Reaktion auf politische, gesellschaftliche und technologische Veränderungen zu begreifen. Diese führen in erster Linie auf den Zusammenbruch der großen Ideologien zurück, das Ende der Meta-Erzählungen (Christentum, Rationalismus, Marxismus), das nach Lyotard die **condition postmoderne**[49] charakterisiert. Der Verlust der großen Weltanschauungen führt in allen gesellschaftlichen Sub-Systemen zu einer wachsenden Partikularisierung. Diese **radikale Pluralität als Grundverfassung der Gesellschaft** macht Welsch zur Basis seiner Bestimmung von Postmoderne.[50] **Indifferenz** als Austauschbarkeit der Individuen, Wertsetzungen und Ideologien wird zum Kennzeichen postmoderner Erfahrung.[51] Erkenntnistheoretisch bedeutet das eine Absage an den aufklärerischen Vernunft- und Subjektbegriff. Im sprachlichen Bereich wird der zunehmende Partikularismus durch den verbreiteten Einsatz der modernen Kommunikationstechnologien gefördert. Der Pluralität der gesellschaftlichen Aktionsmuster entspricht die Pluralität der Diskurse.

Die Schriftsteller reagieren auf die veränderte Situation mit einer Liberalisierung der ästhetischen Grundsätze. Anknüpfend an Fiedlers provokant formulierte Forderung **Close the gap and cross the border**[52], stellen sie die strenge Dichotomie von experimenteller Kunst und Massenkunst in Frage und setzen sich zum Ziel die Kluft zwischen elitärer und populärer Literatur zu schließen. Die Anerkennung des pluralen Nebeneinanders unterschiedlicher Diskurse erlaubt ihnen auch die sprachliche Synthese. Das parallele Formulieren von Anspruchsvollem und Trivialem wird unter dem Schlagwort **Doppelcodierung**[53] zum Schlüsselbegriff postmodernen Schreibens.

In diesem Zusammenhang ist bei vielen als postmodern etikettierten Autoren eine Wiederannäherung an die Literatur der Vergangenheit zu beobachten, was im Bereich des Romans zu einem verstärkten Rückgriff auf tradierte Erzählmuster führt. Die Reorientierung an den erzählerischen Konventionen des 19. Jahrhunderts geschieht allerdings ohne Anspruch auf Mimesis und Wahrheitsgehalt, **mit Ironie, ohne Unschuld**[54]. Sie bedeutet eine Relativierung des Originalitätsgedankens und damit in gewisser Weise eine Entbindung vom Gebot ästhetischer Innovation. Dieser Rückgriff auf die literarische Tradition geht in der Regel mit einer ausgeprägten Intertextualität einher, die den Zitatcharakter des postmodernen Textes ausmacht. Sie reicht von der kryptischen Anspielung, die sich nur dem versierten Leser erschließt, bis zur wörtlichen, manchmal sogar fremdsprachlichen Übernahme. Parodie und Pastiche gewinnen in diesem Kontext als ästhetische Prinzipien an Bedeutung.

Mit der Rückkehr zum konventionellen Erzählen verbindet sich – als komplementäre Erscheinung – die Neigung zu verstärktem Konstruktivismus[55]. Der Autor erscheint nicht mehr als Schöpfer, sondern als geschickter Konstrukteur, als Bastler. Die Bloßlegung des Konstruktionsverfahrens lässt den grundsätzlichen Spielcharakter des postmodernen Textes zutage treten. Die Kunst gerät zum Spiel, die Literatur zur **Lust am Text**[56]. Indem jeder Autor diese Lust auf seine Art produziert, reflektiert er die eigene Partikularität, ohne sie zum Gesetz zu erheben.

In Zusammenhang mit dem Spielcharakter des postmodernen Textes rückt **der Leser als Mitspieler des Autors**[57] in den Mittelpunkt des literarischen Geschehens. Foucaults bekannte These, wonach der Autor als Subjekt **tot** sei, weil er nicht länger als sinnstiftende Instanz auftreten könne[58], klingt hier an. Entsprechend den artistischen Formen des Spiels, das keinem Wahrheitsanspruch mehr folgt, entdeckt auch der Leser die Lust am Text, **die reflektierte Lust [...] am Spiel mit aufgedeckten und wieder durchgestrichenen Erwartungen**[59]. Das spielerische Wechselspiel zwischen Autor, Text und Leser macht insgesamt deutlich, wie sehr die postmoderne Literatur die vertrauten ästhetischen Ordnungskriterien in Frage stellt, indem sie die Rollen und Relationen neu definiert. **Der Autor als Schöpfer von Sinn, das Werk als sein Ausdruck, der Leser als Aneigner von Bedeutung**[60] sind obsolet geworden.

Die Literaturwissenschaft reagiert auf eine solche Herausforderung mit einem neu erwachten Interesse an der theoretischen Auseinandersetzung und der verstärkten Rezeption der sogenannten **neuen Literaturtheorien.**[61] Gemeint sind vor allem poststrukturalistische bzw. dekonstruktivistische Interpretationsansätze. Was Postmoderne und Poststrukturalismus miteinander verbindet, ist die Sinn-Problematik. Dies deutet bereits das gemeinsame Präfix **post-** an: Die Suche nach dem Sinn gehört der Vergangenheit an. Nachstrukturalistische Literaturtheoretiker wie Roland Barthes, Jacques Derrida oder Paul de Man erklären die strukturalistische Suche nach Bedeutungen für illusorisch. An die Stelle des begrifflich fassbaren Sinns treten (bei Derrida) der Gedanke der sich prinzipiell unendlich fortsetzenden Sinnverschiebung sowie (bei de Man) die These von der grundsätzlichen Widersprüchlichkeit von Texten. Darin zeigt sich die Affinität zu postmoderner Indifferenz und Partikularisierung.

Die Abkehr vom Sinnbegriff führt sowohl in der postmodernen Literatur wie in der poststrukturalistischen Theoriebildung zu einer Privilegierung der Ausdrucksebene. Im Hintergrund steht – komplementär zur Vorstellung der Literatur als Intertext – die These, dass in unserer Gesellschaft die Zeichen nicht mehr auf ein Bezeichnetes verweisen, sondern immer nur auf andere Zeichen (Referenzverlust der Sprache), und dass wir mit der Sprache **so etwas wie Bedeutung gar nicht mehr treffen, sondern uns nur in einer endlosen Signifikantenkette bewegen**[62]. Für Foucault wird der Text zu einem **Zeichenspiel,** das sich **vom Thema Ausdruck befreit hat** und **auf sich selbst bezogen** ist.[63]

## 2.2 Literaturdidaktische Konsequenzen

Angesichts einer postmodernen Gegenwartsliteratur, die im spielerischen Erzählgestus ihr literarisches Credo sieht, und moderner Literaturtheorien, die sich ihrerseits von der Sinn-Frage verabschieden, steht eine Literaturdidaktik, die nach wie vor an aufklärerisch-humanistischen Lehrzielen festhält und Literatur als Medium der Weltorientierung begreift, vor einem beträchtlichen Dilemma.[64] In der gegenwärtigen literaturdidaktischen Diskussion wird jedoch die Diskrepanz zwischen einem sinnorientierten Literaturunterricht und einer Literatur, die sich diesem Ziel zunehmend verweigert, als fruchtbare **Provokation**[65] verstanden, der man durch eine veränderte, die epistemologischen Probleme der Gegenwart respektierende Pädagogik zu begegnen versucht. In diesem Zusammenhang wird die Dominanz hermeneutischer Interpretationsverfahren, deren Ziel es ist, Sinn zu fixieren, kritisiert, und man beginnt die Möglichkeiten einer **poststrukturalistischen Literaturdidaktik**[66] in Theorie und Praxis durchzuspielen, die auf die neueren Literaturtheorien setzt, ohne die Hermeneutik ganz zu diskreditieren. Kammler schlägt eine dekonstruktivistische Herangehensweise an (nicht nur) postmoderne Literatur vor, die eine hermeneutische

Lesart voraussetzt, um diese aber in einem zweiten Schritt als bloßes Sinn-Konstrukt des Interpreten zu de-konstruieren.[67] Er greift damit die Forderung Försters nach einer **neuen ›poetischen‹ Lesekompetenz**[68] auf, die zwei Lesevorgänge nötig macht, die sich in direkter Konfrontation aufeinander beziehen: einen ersten, der den Text auf Einheit hin liest, und einen zweiten, der die Sprachstruktur des Textes anerkennt als den im Text vorhandenen Kommentar zur ersten Lektüre.

Auf der Basis dieser Diskussion möchte ich für die Interpretation und unterrichtliche Behandlung von Schneiders *Schlafes Bruder* einen ähnlichen methodischen Weg skizzieren, der ebenfalls ein **textnahes Lesen**[69] zum Ausgangspunkt nimmt, allerdings das Nebeneinander von hermeneutischem und dekonstruktivistischem Ansatz in einem etwas veränderten Zusammenhang sieht.

Das von Schneider praktizierte lineare Erzählen und der Rückgriff auf tradierte Erzählformen verleiten zu raschem, konsumierendem Lesen und damit auch zu vorschneller Bedeutungsfestschreibung. Die gattungsauflösende Polyphonie des postmodernen Romans, die zahlreichen intertextuellen Bezüge, seine spielerischen, ›karnevalistischen‹ Elemente werden auf diese Weise ignoriert. Von daher erweist sich der poststrukturalistische Diskursbegriff, der die Abkehr von der traditionellen Sinnorientierung zum Ausdruck bringt, meines Erachtens besonders in der Anfangsphase der Beschäftigung mit dem Text als sinnvoll. Lesen bedeutet dann – in einem ersten Schritt – statt sukzessiver semantischer Vereinheitlichung des Textes dessen Dekonstruktion im Sinne der Offenlegung möglicher paralleler Lesarten (vgl. Kap. 3). Ein so verstandenes Lesen ist zwangsläufig textgenaues Lesen, das die Widersprüche und Brüche des Textes nicht verdeckt und stark auf seine erzählerische Struktur und seine Sprachlichkeit gerichtet ist (vgl. Kap. 4). Es öffnet den Blick auch auf intertextuelle Verknüpfungen und lässt das Werk als Teil eines übergreifenden Textzusammenhangs erkennbar werden (vgl. Kap. 3 und 6). Da jeder Text aber **ein Widerstandspotential** gegenüber seiner Interpretationsvielfalt besitzt, das durch die kulturelle und soziale Einbindung des Lesers begründet ist[70], kann der Gedanke der Intertextualität nicht dahingehend verstanden werden, dass sich das Werk als einmalige Erscheinung auflöst. Demzufolge kann auch das Verfahren der Dekonstruktion nicht mit letzter Konsequenz vertreten werden.

In einem zweiten Schritt der Auseinandersetzung mit dem Roman sollte Sinn-Dekonstruktion in Sinn-Rekonstruktion übergeführt werden, damit der poststrukturalistische Indifferenzgedanke in kritisch-hermeneutisches Verstehen mündet. Die didaktische Nahtstelle liegt dort, wo sich die Untersuchung von den möglichen gattungstypologischen Lesarten (Kap. 3) und den Spielvarianten der erzählerischen und sprachlichen Struktur (Kap. 4) zu den Figuren und Motiven hinwendet. Der Blick auf die Figurenkonstellation und auf das Motivnetz ermöglicht thematische Zuordnungen, die Sinnkohärenz als Ausdruck von Textautonomie schaffen. Das didaktische Umschwenken impliziert keinen abrupten Methodenwechsel, sondern bedeutet eine methodische Akzentverschiebung.

Wichtig und nicht umkehrbar ist meines Erachtens aber die Richtung des skizzierten Wegs. Dieser führt vom dekonstruktiven Zer-Legen des Textes und Ent-Falten möglicher Deutungsvarianten zur hermeneutischen Bündelung und Reduktion von Bedeutungen. Poststrukturalistische und hermeneutische Interpretationsansätze können in Bezug auf postmoderne Literatur also auch so gekoppelt werden, dass erstere Voraussetzung für letztere werden und dem Verstehensakt die notwendige Offenheit freihalten. Dieser Weg hat eine Umkehrung der herkömmlichen Reihenfolge der Analyseschritte zur Folge. Aufbauend auf dem Konzept der Lesevarianten (Kap. 3), wendet sich die Untersuchung erst den formalen und sprachlichen Aspekten (Kap. 4) des Romans zu, bevor sie auf die Inhalte (Kap. 5) zu sprechen kommt.

# 3 Lesarten

Geht man davon aus, dass die Analyse eines (postmodernen) Textes nicht darauf gerichtet sein kann, die *eine*, vom Autor angeblich so intendierte Bedeutung aufzudecken, ergibt sich als Ausgangspunkt der Interpretation ein Nebeneinander möglicher Lesarten. In diesem Zusammenhang wird *Schlafes Bruder* jeweils auch unter gattungstypologischem Aspekt betrachtet, durch den mehrfachen, parallelen Lektüreansatz aber aus der starren Genrezuordnung herausgenommen. An die Stelle einer verbindlichen Antwort auf die Frage, wie dieser Roman zu etikettieren sei, als Dorfgeschichte, Künstlerroman oder Heiligenlegende[71], tritt die Frage nach dem Umgang mit der literarischen Tradition, die je nach der thematischen Akzentsetzung der Lektüre auf unterschiedliche Genres gerichtet ist.

## 3.1 Erste Lesevariante: Die Dorfgeschichte

### *3.1.1 »Schlafes Bruder« als Geschichte eines Dorfes*

Robert Schneider erzählt in *Schlafes Bruder* die Geschichte eines entlegenen Vorarlberger Bergdorfes. Hinter dem abgeschiedenen Eschberg ist unschwer Schneiders Heimatort Meschach auszumachen, den er in die bäuerliche Welt des 19. Jahrhunderts verlegt. Die Dorf-Chronik geht ins Jahr 1785 zurück und endet 1912 mit dem Tod des letzten Bewohners. Schneider rückt damit, zeitlich wie geographisch, den Stoff in bewusste Distanz. Seine Dorfgeschichte lebt aus dieser lokalen und sozialen Reduktion.

Am Ende eines Hochtals gelegen, umfasst Eschberg neben Kirche und Wirtshaus nur einige Dutzend Bauernhöfe. Die nächstgelegene Kleinstadt Feldberg liegt einen Tagesmarsch entfernt. Die räumliche Isolation wird selten aufgebrochen, denn kaum jemand findet von außerhalb den Weg nach Eschberg und kaum jemand verlässt den Ort aus frei getroffener Entscheidung. Schon die Hebamme hat Mühe, auf dem Dorfweg, den sie sich **heraufplackte** (15), das Geburtshaus des Elias zu erreichen. Der einzige Eschberger, dem es gelingt, in die Ferne aufzubrechen, der Köhler Michel, kehrt nach vielen Stationen im Alter in die heimatliche Region zurück. Der Ort gibt seine Bewohner nicht frei. Es müssen Katastrophen eintreten, bis die Menschen Eschberg verlassen (202). Doch trotz dieser engen Bindung ist der Niedergang des Dorfes nicht aufzuhalten. Der **gottverlassene Flecken** (168) entbehrt von Anfang an der Existenzberechtigung, da **Gott dort den Menschen nie gewollt hatte** (10, 76, 202). Als der letzte Eschberger stirbt, **beschloß auch die Natur endgültig, jeden Gedanken an dieses Dorf auszulöschen** (10).

Diese räumliche Begrenztheit ist von zeitlicher Stagnation begleitet. Das Leben in Eschberg kennt kaum Entwicklung. Es verläuft in vorgezeichneten Bahnen (vgl. 121), als **armselige(s) Einerlei** (12), das den **Zeiten und Notwendigkeiten des Jahres** (95) unterliegt. In ihrem **nicht zu übertreffenden Starrsinn gegen Neuerungen von draußen** (13) halten die Eschberger die Zeit **des mittelalterlichen Schlafs** (154) fest, bis auch sie die Zeichen des Umbruchs nicht mehr aufhalten können. Den Anbruch des neuen Jahrhunderts, das durch fortschreitende Industrialisierung die Lebens- und Arbeitsformen auch in den ländlichen Gebieten radikal verändert, erlebt Eschberg jedoch in extremer Isolation und Entwicklungslosigkeit: Zwanzig Jahre lang vegetiert der letzte Bewohner auf seinem verwahrlosten Hof, bis er unbemerkt von den Bewohnern des Nachbardorfs verhungert. Während sich Dörfer und Städte der neuen Zeit anpassen, kehrt Eschberg in einen zeitlosen Naturzustand zurück. Die Natur holt sich zurück, **was ihr vor Jahrhunderten der Mensch weggenommen hatte** (10).

In den so geschaffenen Handlungsrahmen setzt SCHNEIDER ein Figureninventar, das die Enge und Ferne dieser Welt bestätigt. Nur zwei Familien bewohnen seit Jahrhunderten das abgelegene Tal, was zu **gespenstischen Physiognomien** (94) führt. Die **Vermischung beider Geschlechter** ist verantwortlich für **die körperlichen Inzuchtschäden, den überdehnten Kopf, die geschwellte Unterlippe im tiefliegenden Kinn** (12). Auf der Schulbank sitzt Elias zwischen **Wasserköpfen, Blatterngesichtern, Mongoloiden und Inzüchtigen** (53). Dass ein Neugeborenes **ein an Leib und Seele Gesundes** (71 u. a.) ist, ist eher die Ausnahme. Schwere körperliche Arbeit, Krankheiten, Unfälle und Verstümmelungen tragen zu zusätzlichen Deformationen bei. Selbst die Hauptfiguren, die sich deutlich von der **rohtäppischen Bauernwelt** (94) abheben, sind von körperlichen Schäden nicht verschont: Elias hat den **üblichen Buckel** (95), Elsbeth einen Gehfehler und Peter einen verkrüppelten Arm. Die Degenerationserscheinungen machen sich auch geistig bemerkbar. **Teilnahmslosigkeit** und **Dummheit** (13) zeichnen die Menschen aus, die **nichtsdenkend** (45, 46) ihre Tätigkeiten verrichten. Philipp ist **ein Närrisches** (86) und der Kurat so verkalkt, dass er Begräbnisliturgie mit Taufliturgie verwechselt.

Der körperlichen und geistigen Deformiertheit entspricht ein hohes Maß an seelischer Verkrüppelung. Ganz oben in der Skala der Negativ-Eigenschaften steht der unverrückbare Starrsinn des Eschbergers, **der, hat er sich einmal verrannt, sich nur desto schlimmer verrennt** (57). Der störrische Charakter vererbt sich bis zum letzten Bewohner und ist letztlich verantwortlich für die Auslöschung des Dorfes. Cosmas Alder verhungert

**schlicht aus lebensmüdem Trotz** (12). Diese Sturheit paart sich mit extremer Schweigsamkeit. Der Eschberger ist **kein Redner** (15). Mehr noch: **Sprachlos waren diese Menschen, ja sprachlos bis in den Tod.** (136) Die Sprachunfähigkeit verhindert Gedanken- und Gefühlsaustausch und verstärkt Isolation und Leid des Einzelnen. Tun die Eschberger dennoch den Mund auf, dann werden sie zum **Plappermaul** (61 u.a.) und ziehen das Dorf in einen **Schmutz von Mutmaßungen, Lügen und Verleumdungen** (53). Gleichzeitig sind die denk- und redefaulen Bauern gegenüber der Macht des Wortes äußerst anfällig und von Predigern und wortgewandten Scharlatanen zu unzüchtigen Handlungen und Schandtaten grausamster Art verführbar. Die leichte Beeinflussbarkeit zeigt, dass ihnen charakterliche Festigkeit fehlt und auch ihre Frömmigkeit nur eine äußerliche ist, hinter der sich ein Hang zu Aberglauben und religiösem Fanatismus verbirgt (vgl. 3.3.1).

Die andere Seite dieser geistigen Dumpfheit und Sprachunfähigkeit ist die latente Aggressivität. Das Verhalten der Eschberger ist von einer grundsätzlichen Feindseligkeit dem anderen gegenüber geprägt, die umso größer zu sein scheint, je näher man sich steht. **Niemals war ein Lamparter einem Alder freiwillig zur Hand gegangen, geschweige denn ein Alder einem Alder.** (90) Die **geheimnisvolle Großmut** (90), die die Eschberger nach dem ersten Feuer ergreift, entpuppt sich als pure Berechnung. Man hat sich in der Not geholfen, um sich hinterher, am **Tag der großen Abrechnung** (90), diese Hilfe teuer bezahlen zu lassen. Neid und Missgunst bestimmen das Handeln, menschliche Fürsorge fehlt ganz. Nicht einmal um die Kinder sorgt man sich: **Zärtlichkeit, ein solches oder ähnlich lautendes Wort, war** [...] **den meisten Eschberger Weibern unbekannt.** (44)

Der unterschwellige Hass und die Gewaltbereitschaft schlagen beim geringsten Anlass in offene Aggressivität um. Die Arbeit ist **stetiger Anlaß zu Streitereien und blutigen Händeln** (32); jedes Fest endet **in wüsten Händeln, gegenseitigen Beschimpfungen und durchaus blutigen Scharmützeln** (48). Bei der leisesten Verfehlung schlagen Väter ihre Kinder und Männer ihre Frauen. Gewalt ist in *Schlafes Bruder* Bestandteil einer Strafkultur, die Rache- und Vergeltungsmaßnahmen bis hin zur Lynchjustiz einschließt. Kehrseite dieser Gewalt nach außen ist eine Tendenz zur Selbstbestrafung und Selbstverstümmelung, die auf den autistischen Charakter der Menschen, die zwischen Zerstörung und Selbstzerstörung nicht unterscheiden können, verweist[72].

Von einem solchen Klima der Gewalt ist in besonderem Maße der Außenseiter betroffen, der als Fremdkörper in dieser geschlossenen Gesellschaft unerwünscht ist. Er wird verhöhnt, verteufelt, in die Isolation gedrängt und zum Sündenbock erklärt. Aberglaube und verbohrte Religiosität nähren und rechtfertigen diesen Ausgrenzungsfanatismus. Die Zeit der **Hexenverfeuerung** (20) ist in Eschberg noch nicht nur eine Erinnerung.

Das negative Zerrbild der Dorfbevölkerung, das SCHNEIDER in *SCHLAFES BRUDER* entwirft, ähnelt, so Landa, einer **veritable(n)** ***freak-show*** und bedeutet **eine geradezu ins Parodistische abgleitende Denunzierung** der Figuren.[73] Trotz der einseitigen Negativ-Zeichnung wird das Dorf von SCHNEIDER zum Schnittpunkt universaler sozialer und psychologischer Vorgänge erklärt. In der eng begrenzten Eschberger Dörflichkeit führt der Autor eine Welt in nuce vor, die dem Leser breit angelegte Identifikationsmöglichkeiten bietet. Durch die Bezeichnung der Eschberger als **Menschengeschlecht** (94) und den Namen des letzten Dorfbewohners, **Cosmas,** unterstreicht er den exemplarischen Charakter der vorgestellten Welt. (Vgl. auch 5.1.1.)

### *3.1.2 Der Rückgriff auf Dorfgeschichte und Heimatroman*

Mit der Transzendierung des Regionalen nimmt SCHNEIDER auf eine literarische Tradition Bezug, die sich im deutschsprachigen Raum im 19. Jahrhundert herausgebildet hat und – in abgewandelten Formen – vor allem in Österreich bis heute lebendig geblieben ist: die Tradition der Dorfgeschichte bzw. die des Heimatromans. Für Landa liegt **gerade im Rückgriff auf die Dorfchronik der Schlüssel zum Romanerfolg**[74]. Zeyringer weist darauf hin, dass SCHNEIDER genau von jener Zeit erzählt, **in der die literarische Gattung der Dorfgeschichte das höchste Ansehen und die breiteste Wirkung erreicht hatte.**[75]

Die Dorfgeschichte des 19. Jahrhunderts entsteht in der Zeit des Vormärz, d. h. in einer Zeit des sozialen Umbruchs, der den Übergang von der agrarisch-ländlichen Epoche ins Zeitalter der Industrialisierung einleitet. Uwe Baur, der sich mit der Geschichte und Typologie dieses Genres befasst, bezeichnet die Dorfgeschichte als ***littérature engagée***[76] mit aufklärerischer Funktion, die **mit dem Anspruch, historisch-empirische Wirklichkeit zu erzählen**[77], das zeitgenössische dörfliche Leben beschreibt. Der Schwerpunkt dieser **Zeitprosa mittlerer Länge** liegt auf **der genauen topographischen, ethnographischen bzw. sozio-ökonomischen Einbettung und Motivierung einfacher Handlungen, die damit gesellschaftlich-allgemeine Bedeutung erlangen**[78]. Dem Postulat epischer Objektivität entsprechen Einfachheit und Direktheit der ästhetischen Vermittlung. Vom Autor wird **intensives Vertrautsein mit dem Gegenstand** vorausgesetzt, gleichzeitig aber auch eine gewisse **Überschau, die ein Überschreiten des Detailrealismus auf ein essentielles Allgemeines hin** ermöglicht.[79]

Der wichtigste Vertreter der Dorfgeschichte ist Berthold Auerbach. Zeyringer verweist zudem auf einen Zeitgenossen Auerbachs, der als SCHNEI-

DERS Landsmann für die Betrachtung von *Schlafes Bruder* von Interesse ist: den Bauern und Dichter Franz Michael Felder (1839–1869), der in Romanen und der Autobiografie *Aus meinem Leben* (1968/69)[80] das bäuerliche Leben in Vorarlberg beschreibt. Als **Felders Stiefbruder** wird Schneider bezeichnet.[81]

Der Zusammenhang zwischen Schneiders Roman und der vormärzlichen Dorfgeschichte erschließt sich zunächst ohne Schwierigkeit. Die Nähe-Ferne-Ambivalenz ist als autobiografische Voraussetzung gegeben. *Schlafes Bruder* ist von einem Autor geschrieben, der gleichermaßen Vertrautheit und Distanz zum Ort des Geschehens hat. Die Fokussierung auf das Dorf, das zum Schauplatz allgemeiner Vorgänge erhoben wird, bildet den vom zweiten bis zum letzten Kapitel gespannten Erzählrahmen. Der Objektivitätsanspruch an das Erzählen wird durch einen Erzähler, der sich in der Rolle des Chronisten gefällt (vgl. 4.1), und durch eine genaue zeitliche Datierung des Geschehens bis zu einem gewissen Grad eingelöst. Auch durch den altertümlichen Sprachduktus (vgl. 4.2) scheint Schneider, in Anlehnung an die Autoren des Vormärz, seiner Verpflichtung nachzukommen, die empirische Wahrheit seiner Dorfgeschichte zu beglaubigen.

Diesem Rückgriff auf die Dorfgeschichte kann man als Leser bzw. Leserin jedoch nicht allzu sehr trauen. Das hat Zeyringer durch eine Analyse der Brüche in der Erzählerfigur deutlich gemacht: **alles steht auf einem doppelten Boden, der zwischen Nähe und Ferne, zwischen Geschichte und Bewußtsein des 19. Jahrhunderts und des 20. Jahrhunderts schwankt.**[82] Auch Detailbeobachtungen zeigen, dass sich der Mimesis-Anspruch des Autors als **Mimikry** erweist. Als Beleg dienen die Ortsnamen, die den Orten der Handlung **ein real anmutendes Gewand über(ziehen), das stimmen mag – aber falsch ist**[83]. Schneider lässt alle in Vorarl*berg* angesiedelten Ortsnamen auf *-berg* enden: so wird Feldkirch zu **Feldberg**, Dornbirn zu **Dornberg**, Hohenems zu **Hohenberg** und Götzis zu **Götzberg**.

In entsprechender Weise sind auch die Parallelen zu Felder zu interpretieren. **Schneider erzählt aus der gleichen Welt wie Felder – die Perspektive aber ist eine andere.**[84] Während Felder entsprechend der traditionellen Dorfgeschichte das Leben im Dorf **als *gegenwärtiges* und im geschichtlichen Prozeß befindliches**[85] darstellt, wird es von Schneider als vergangenes und vergängliches Leben evoziert, dessen geschichtlicher Prozess abgeschlossen ist, als die Erzählung einsetzt.[86] Dort, wo Felder aus dem aktuellen Bezug heraus *beschreibt, benennt* Schneider aus der zeitlichen Distanz die Dinge und Vorgänge. Die bäuerlichen Gegenstände werden wie Requisiten vorgeführt, wie Objekte aus dem Heimatmuseum ausgestellt. So zum Beispiel das **Instrumentarium,** das die Hebamme für die

Geburt bereitlegt: **Die Klistierspritze, daneben immer die Taufspritze, das Mutterrohr, die Wendungsschlinge, den Katheter und zum Schluß die Nabelschere.** (16) SCHNEIDER geht es weniger um Detailrealismus als um die Authentizität suggerierende Wirkung dieses Vorzeigens. In ähnlicher Weise reichen, was die Topographie des Ortes betrifft, wenige Signale aus, um beim Leser ein stimmiges Bild zu evozieren, die **engtrittige Stiege,** die zum **Gaden** hinaufführt; die **Dielen,** die **Bettstatt,** der **Wasserkrug auf dem Kästchen, das unberührte Glas randvoll** (14 f.). Dieses Ausstellen von Gegenständen und Räumen schließt immer auch die Tendenz zum Klischee, zum zeitlosen Abziehbild mit ein. **Alsbald reckten die neuerbauten Höfe ihre Firste stolz hinaus ins Rheintalische, und das grelle Fichtenweiß der Schindelfronten wurde noch im Appenzellischen blitzen gesehen.** (92)

Mit der Übernahme von Elementen der traditionellen Dorfgeschichte löst SCHNEIDER den Anspruch kritischer Objektivität und Authentizität zugunsten von Trivialisierung und Idyllisierung weitgehend auf. Auf der anderen Seite aber geht er – wie oben gezeigt wurde – sehr weit in der Negativzeichnung der ländlichen Enklave, indem er das Dorf als Sammelplatz deformierter Menschen und als Brutstätte von Sturheit und Gewalt denunziert. In dieser Opposition von Idyllisierung und Denunzierung folgt SCHNEIDER auch der weiteren Entwicklung des Genres Heimatroman.[87] Der historische Heimatroman der Jahrhundertwende, der das dörfliche Leben als eine von der politisch-ökonomischen Wirklichkeit abgeschottete Idylle und als das utopische Modell einer natürlichen und besseren Welt vorstellt, tradiert sich bis in die Nachkriegszeit, bevor er in den 60er- und 70er-Jahren von einer heftigen Gegenbewegung abgelöst wird, die man unter dem Begriff der **Anti-Heimatliteratur**[88] zusammenfasst. Die vermeintlich heile Welt des Dorfes wird als Hort faschistischer Machenschaften und pervertierter Wertvorstellungen entlarvt, als anachronistische Enklave, in der Hass und Repression gedeihen. Franz Innerhofers *SCHÖNE TAGE* (1974) ist als schonungslose Abrechnung mit der am eigenen Leib erfahrenen Unterdrückung im **Bauern-KZ**[89] das konsequenteste Beispiel für diese Art literarischer Nestbeschmutzung. Den Wunschbildern einer heilen Welt setzt er ein durch und durch negatives Schreckensbild entgegen. Ähnlich verfährt auch Peter Handke in seiner frühen Erzählung *WUNSCHLOSES UNGLÜCK* (1972), in der er – anhand einer Reflexion über den Selbstmord seiner Mutter – Heimat als tödliche Idylle denunziert, in der die Übermacht der provinziellen Verhältnisse menschliche Emanzipation verhindert.

SCHNEIDER geht in der Negativexotik des Anti-Heimatromans noch einen Schritt weiter als die Autoren der 70er-Jahre. Obwohl man im Gewaltpotenzial der Eschberger einen Konnex zu einer zeitgenössischen österreichischen Brand- und Mordgesellschaft erkennen kann[90], erfolgt die Darstellung der Pervertierung menschlicher Verhaltensweisen nicht auf der Basis einer kritischen Analyse der Verhältnisse wie bei Innerhofer. Sie ist auch nicht als schreibende Auseinandersetzung mit der eigenen Herkunft erkennbar wie bei Handke. Durch die pathetische, ins Parodistische weisende Überhöhung zielt sie auf starke narrative Effekte, die beim Leser nicht Betroffenheit, sondern wohliges Erschauern auslösen. Das bedeutet gegenüber den ursprünglichen Intentionen der zeitgenössischen Transformation des Heimatromans wiederum eine deutliche Trivialisierung.

In der ästhetischen Mobilisierung tradierter Elemente der Dorfgeschichte wie des Anti-Heimatromans ist somit sicher eine Menge SCHNEIDER'sches **Kalkül**[91] erkennbar. Fragen könnte man sich, ob durch den Rückgriff auf literarische Muster einerseits und die gezielte Überspitzung dieser Muster andererseits nicht auch ein Verdrängungsprozess angesichts einer ambivalenten Beziehung zum heimatlichen Dorf und damit zur eigenen Herkunft angedeutet wird. Wie schwierig der Begriff Heimat für ihn ist, bestätigt SCHNEIDER im Interview mit Herlinde Koelbl.[92] In der Erzählerfigur, die am Ende des Romans von ihrer **niedrigen Schreibstatt – klein wie ein Puppenhaus** (198) auf eine imaginierte dörfliche Idylle blickt, könnte man aufgrund der doppelten Verniedlichung einen weiteren versteckten Hinweis auf einen solchen Verdrängungsmechanismus sehen.

Wie dem auch sei – SCHNEIDER gibt sich in jedem Fall als sehr geschickter Inszenator zu erkennen, der sich wahlweise das Gewand des historischen Dorfchronisten des 19. Jahrhunderts wie das des modernen Provinzbeschimpfers und Heimatdenunzianten überzieht. Beide Haltungen sind jedoch nicht als ernsthafte literarhistorische Auseinandersetzung zu verstehen, sondern sind um der spannungs- und illusionssteigernden Wirkung des Erzählten willen eingesetzt. So gesehen ist der Rückgriff auf die Dorfgeschichte bzw. den Heimatroman eines der möglichen Kostüme, das sich der sich in wechselnden Masken gefallende Erzähler überstreift.[93] Im Zuge postmoderner Karnevalisierung ist es SCHNEIDER möglich, *SCHLAFES BRUDER* als historische Dorfgeschichte zu entwerfen und gleichzeitig mit einem ironischen Seitenhieb gegen den **Freund der Heimatgeschichte [...], der sich um eine innige Kenntnis seiner Vorfahren bemüht** (12), die Dorfchronistenarbeit als **vertane Zeit** (12) abzutun. Was seine schriftstellerische Mühe rechtfertigt, ist allein die Tatsache, dass sich unter diesen **nichtssagenden Zeitgenossen** (51) eine Ausnahme befindet, das **unerhört(e)** und auch später **nicht wieder gehört(e)** (13) musikalische Genie Johannes Elias Alder. Indem SCHNEIDER die Einmaligkeit des genialischen Künstlers für sich bzw. seinen Erzähler als Sujet reklamiert, ist er dabei, ein zweites Kostüm anzulegen.

## 3.2 Zweite Lesevariante: Der Künstlerroman

### *3.2.1 »Schlafes Bruder« als Geschichte eines Genies*

Um den Besonderheitsanspruch einzulösen, spielt SCHNEIDER das Geniethema auf mehreren bekannten Registern gleichzeitig: Elias Alder als das verkannte Genie, das absolute Genie, das Originalgenie.

Der Held, um dessentwillen es sich lohnt, die Geschichte zu erzählen, gehört zu den **zeitlebens ungeborenen Menschen** (14), die die Welt verloren hat, weil sie ihr Talent nicht entfalten konnten. Die Beschreibung von Elias' Leben ist denn für den Erzähler auch **nichts als die traurige Aufzählung der Unterlassungen und Versäumnisse all derer, welche vielleicht das große Talent dieses Menschen erahnt haben, es aber [...] verkommen ließen** (13). Wie Jesus, mit dem er ihn auf eine Stufe stellt, wird Elias von seinen Mitmenschen durch dreimaliges Nicht-Begreifen verraten (19 f.). Allein sein Freund Peter ahnt, dass **dem Elias Großartiges gegeben war** (44). Eine tragische Komponente erhält dieses lebenslange Unerkanntsein noch dadurch, dass der Einzige, der fähig und bereit wäre, Elias zum künstlerischen Durchbruch zu verhelfen, die Initiative erst ergreift, als Elias bereits tot ist. Es ist einer der vier kalkweißen Professoren, der seinerseits allerdings nur mehr eine Karikatur des einflussreichen Mäzens verkörpert.

Dieser Totalität des Nicht-Erkennens setzt der Erzähler die Absolutheit von Elias' Genie entgegen. Er lässt keinen Zweifel daran, dass es sich bei dem Eschberger Bauernkind um das größte musikalische Genie aller Zeiten handelt, das nicht nur **die Musikgeschichte des 19. Jahrhunderts um ein Gewaltiges voranbringen** (159), sondern auch Mozart, den **vollkommenste(n) Musiker** (14), hätte übertreffen können. Für den Gedanken der absoluten Genialität hält der Erzähler die Vokabel des **Unerhörten** (13, 67, 162, 163 u. a.) bereit, die er in ihrem ursprünglichen Sinne verstanden wissen will. Der Leser/die Leserin begreift, dass eine Höchstbegabung dieser Art einer rationalen Erklärung nicht mehr zugänglich ist, sondern nur als **Märchen** (160), als **Wunder** (33) zu verstehen ist, bei dem offensichtlich Gott seine Hand im Spiel hat (13, 96). In seiner **Verschwenderlaune** (13) hat er Elias zum Universalgenie ausgestattet, das nicht nur musizieren und komponieren kann, wie **kein Meister vor oder nach ihm** (179), sondern darüber hinaus über nie dagewesene Hör- und Stimmkapazitäten verfügt, die ihn befähigen, alle Töne des Universums zu bestimmen, mit den Tieren zu sprechen und sämtliche Stimmen zu imitieren.

Zum Wesen eines echten Genies gehört auch, wie der Erzähler wissen lässt, **daß es Dinge mit großer Vollendung zuwege bringt, die es weder geschaut noch gehört hat** (95). Das Originalgenie braucht keine Unterweisung, keine Übung; es schöpft aus sich selbst heraus. So auch Elias. Bevor er das erste Mal die Orgel in der Kirche spielt, **präludierte es in Elias auf phantastische Weise** (112). Und nachdem er seinen Lieblingston gefunden und die erste Melodie entwickelt hat, **gehorchten ihm die Tasten wie von selbst** (69). Schlösser betont, dass Elias **sich in wenigen kreativen Schüben all das erobert, was andere in jahrelangen Studien erwerben müssen.**[94] Während er nachts heimlich die Orgel zerlegt, reinigt und neu zusammensetzt, erschließen sich ihm Bau und Funktionsweise des komplizierten Instrumentes. Aus dem ungeschickten Präludieren, Choralbegleiten und Postludieren seines Onkels hört er die Grundlagen des kirchenmusikalischen Tonsatzes heraus. Obwohl des Notenschreibens unkundig, komponiert er **einen derartig vertrackten Kontrapunkt** (162), improvisiert er ein Fugenthema **von einer so gigantischen Erfindungskunst und Länge** (179), dass es den Eschbergern unheimlich wird. Man fragt sich im Dorf, wie es geschehen kann, **daß dieser Mann so teuflisch zu spielen imstande war** (116), und glaubt, es gehe **mit übernatürlichen Dingen** (179) zu.

Im **musiknotständigen** (13) Eschberg ist dieser **unheimliche Musikant** (166) Zielpunkt von Feindseligkeit und Neid. Indem SCHNEIDER seinen ungewöhnlichen Helden zum Außenseiter macht, führt er die Geniethematik in konsequenter und nicht unbekannter Weise fort. Die Künstlerproblematik, die hier entworfen wird, deutete sich im Topos des verkannten Genies, das an einer feindseligen Gegenwelt scheitert, bereits an. Was immer Elias in der Musik erreicht, muss er einer verständnislosen und abwehrenden Umwelt abtrotzen – auch wenn ihm das *spielend* gelingt. Seine Mutter unterlässt alles, was der Entwicklung des frühreifen Kindes förderlich sein könnte (44). Der Onkel beschließt aus Neid, als er Elias' Begabung wahrnimmt, **den Buben nicht eine einzige Note zu lehren** (67), und verschließt ihm die Orgelempore. Und noch der Domorganist Goller, der von Elias' genialischem Orgelspiel überwältigt ist, bereut die Einladung zum Orgelwettbewerb aus Angst, **daß dieser Elias Alder dereinst zum Rivalen wachsen könnte** (164). Das größte Musikgenie aller Zeiten in einem **engbestirnten Dorf** (61), in dem es verkommen muss: So transformiert SCHNEIDER die traditionelle Dichotomie von Kunst und Lebenswirklichkeit.

Die vom Autor entworfene Künstlerbiografie vollzieht sich nach dem Schema eines Entwicklungsromans in klar abgegrenzten, spiegelbildlich angeordneten Stationen. Am Anfang steht die Erweckung durch die Musik. Erst das Tedeum der Hebamme bringt den stummen **Fleischklumpen** (18) zum Leben. Während der Taufe bestätigt sich die Bestimmung durch und für die Musik: Zum ersten Mal die Klänge einer Orgel vernehmend, **jubilierte** (29) Elias über die Entdeckung der Musik und findet den ihm angemessenen Lebensausdruck. Im Alter von fünf Jahren erfolgt durch **das**

**Wunder seines Hörens** (30) die entscheidende Initiation zum Künstler. Das Entgrenzungserlebnis in der Natur und die Erfahrung der Synästhesie bereiten ihn auf die universalen Klangszenarien vor, die ihn zum eigentlichen Klang seines Lebens hinführen, dem **Herzschlagen eines ungeborenen Kindes** (38). Begleitet ist diese Initiationszeremonie von physischen Deformationen und pubertären Mutationen, die Elias stigmatisieren und seine soziale Isolation begründen.

Elias' weitere, im eigentlichen Sinne künstlerische Entwicklung folgt einer vorgezeichneten Logik, bevor sie im finalen Konzert zur Vollendung gelangt: Eintritt in die Welt der Musik (62-66); erster musikalischer Versuch (68-70); Erkennen der eigentlichen Berufung (95-99); erster Höhepunkt der Musikerkarriere (114-116); Verlust der musikalischen Naivität (130); musikalische Krise (150-151). Die erste Stufe ist schicksalartig, gleichsam mythisch überhöht durch den grausigen Unfall-(Opfer)tod des Blasebalgtreters, der ihm die Tür zur Orgelempore öffnet. Durch das Beobachten und stimmliche Nachbessern von Oskar Alders fehlerhaftem Spiel findet Elias zu einer Vorform eigenen Musizierens. Auf der zweiten Stufe folgt in feierlicher Vorbereitung der erste Spielversuch. Den Flug zweier Zitronenfalter nachahmend, beginnt Elias zu komponieren und entdeckt das Gesetz der Imitation. In den Jahren nach der Feuerkatastrophe wandelt sich **das Bild seiner Berufung zum Musiker** (95): Elias entscheidet sich für die Liebe und somit gegen sein musikalisches Genie. Indem er hinfort nur mehr für Elsbeth spielt, eignet er sich das notwendige technische Können an und gelangt zu neuen, durch das Mädchen inspirierten Kompositionen. Der erste öffentliche Auftritt in der heimatlichen Pfarrkirche am Ostersonntag des Jahres 1820 bildet den vorläufigen Höhepunkt seiner Musikerkarriere. Wiederum ergibt sich **seine große Stunde** (114) durch den schicksalhaften, tragisch anmutenden Rückzug seines Vorgängers. Elias nimmt seine Chance wahr und figuriert einen Choral, den er **mit einem riesenhaften Postludium** (115) im Metrum von Elsbeths Herzschlagen enden lässt. Der Verlust der musikalischen Naivität wird durch das Burga-Erlebnis ausgelöst, durch das er die eigene Sündhaftigkeit erkennt. Elias entdeckt die Dissonanz als Ausdruck des Verbotenen, was seinem Spiel die **Kraft des Dämonischen** (130) verleiht. In einer letzten Phase vor dem Schlusskonzert deutet sich eine künstlerische Schaffenskrise an. Elias' musikalische Genialität verflacht zu Mittelmäßigkeit in dem Moment, als er seine Liebe zu Elsbeth aufgibt. Sein Orgelspiel bei Elsbeths Brautmesse ist zwar kunstvolle, **aber durchaus teilnahmslose Musik** (150).

Parallel zum Hörwunder, durch das Elias seine Initiation zum Künstler erlebt, steht am Ende das **Orgelfest,** das seine musikalische Vollendung bringt. Mehr als zwei Stunden improvisiert Elias zu dem Choral »Kömm, o

Tod, du Schlafes Bruder«[95], um in einer **Apotheose des Himmels** (180) zu gipfeln, einer siebenstimmigen Fuge, in die er als achte Stimme noch die eigene einflicht, bevor er erschöpft, aber jubilierend **das gleißende, nicht mehr enden wollende Dur** (181) abschließt. Er hat während des Spiels Elsbeths Herzschlagen und seine Liebe wieder gefunden, was in ihm den **unglaublichen Entschluß** (183) reifen lässt, nicht mehr zu schlafen.

Der Tod des Elias schließlich ist von einem zweiten Hörwunder begleitet, durch das sich ihm nun auch die Klänge seines eigenen Inneren erschließen. Sein Leben verlischt, als er aufhört, diese Töne wahrzunehmen; er stirbt, während das Angelusläuten der Kirche in Eschberg ertönt. Tedeum und Glockenläuten begleiten den ersten und letzten Atemzug dieses einzigartigen Künstlers.

Ein Genie, für dessen Beschreibung dem Erzähler kein Superlativ zu groß ist, und eine Künstlerbiografie, die trotz des vorgezeichneten Wegs wie eine **unbegreifliche, ja irrsinnige Improvisation** (181) anmutet, provozieren die Frage nach der Qualität und Wirkung dieser Musik.

Elias speist **das schier Unmögliche** (163) seiner Kunst zunächst aus ganz realen Eschberger Quellen: der Natur, der Liebe zu seiner Kusine und der dörflichen Kirchenmusik. Schlösser belegt im Einzelnen, dass Elias' Kompositionsprinzipien der Natur abgeschaut und abgelauscht sind. Indem dieser den Flug der Schmetterlinge nachahmt, begreift er das polyphonische Verfahren der Imitation (69 f.).[96] Die Liebe zu seiner Kusine Elsbeth gibt den Rhythmus vor, dem seine Musik folgt. Ihr Herz, das im selben Takt schlägt wie das seine, bildet das Metrum seines Lebens und seiner Musik. Wenn Elias musiziert, musiziert er für Elsbeth, **entwarf Musik, die den Duft ihres laubgelben Haares einfing, das Beben des Mündchens, den piepsigen Klang ihres Mädchenlachens, oder das Knacken der Falten im blauen Damastschürzchen.** (99) Während des Orgelkonzerts in Feldberg werden ihm darüber hinaus alle Bilder, die sein Leben bestimmt haben, zu Musik. Für das Umsetzen dieser Erfahrungen reicht dann der begrenzte Vorrat dörflicher Orgelmusik nicht mehr aus, ist selbst die Fünfstimmigkeit einer klassischen Fuge zu begrenzt. Elias' Musik ist **ausgelassenes Figurenwerk** und erreicht **eine nicht mehr zu fassende Kompliziertheit** (180). Der spätromantisch-expressionistische Gestus seines Musizierens ist Ausdruck reiner Subjektivität, keine Regel engt sein Spiel ein, keine Partitur hält seine Kompositionen fest.[97]

Damit gelangt Elias an Grenzen, die **im Grunde nichts mehr mit Musik zu schaffen** (178) haben. Er spielt dann nicht nur, sondern predigt (175), und seine Musik entfaltet kathartische Wirkung. Die Mitmenschen, die seiner Begabung sonst nur mit Gleichgültigkeit, Erschrecken oder Neid begegnen, verlassen die Kirche **mit hochgestimmter Seele** (117). Elias lässt sie **erblühen** (118), vermag sie **für Augenblicke mit Großmut zu füllen** (178), gar **den Menschen bis auf das Innerste seiner Seele zu erschüttern** (178 f.). Der Zuhörer kann sich in solchen Momenten der Wirkung seiner Musik nicht mehr entziehen. **Ohne seinen Willen traten ihm dann die Tränen aus den Augen. Ohne seinen Willen erlitt er Todesangst, Kindesfreuden, ja bisweilen sogar erotische Empfindungen.** (179) So scheint gerechtfertigt, was der Erzähler von Anfang an behauptet und die Musikbeschreibungen suggerieren: dass Elias der größte Komponist aller Zeiten gewesen ist. **Die musikalischen Leistungen eines Schuberts, Webers, Beethovens, Bachs verblassen also vor der Rührungskunst eines Vorarlberger Genies, das im Jahre 1992 zum ersten Mal ans Licht der romanlesenden Welt trat**[98], bemerkt Schlösser abschließend zur Frage der Einzigartigkeit des Komponisten Elias Alder und fügt hinzu, dass die Erfindung eines größten Komponisten der Welt im Roman nicht auf akustische Beweise angewiesen sei.

### *3.2.2 Der Rückgriff auf den romantischen Künstlerroman*[99]

Kehrt man vom Musikvergleich in die Welt der Literatur zurück, so ist die Behauptung von der künstlerischen Einmaligkeit des Vorarlberger Genies noch vor einem anderen Hintergrund zu sehen. Nicht die realhistorischen Komponisten Schubert, Weber, Beethoven bieten sich dann als Vorbilder an, sondern literarische Tonkünstler aus dieser Zeit, auf die SCHNEIDER durch den Rückgriff auf die Geniethematik Bezug nimmt: die Künstlerfiguren Josef Berglinger, dessen **merkwürdiges, musikalisches Leben** Wilhelm Heinrich Wackenroder durch seinen kunstliebenden Klosterbruder aufzeichnen lässt (1796), und Johannes Kreisler, dessen **musikalische Leiden** E. T. A. Hoffmann in den *KREISLERIANA*-Stücken (1814/15) wie in den *LEBENS-ANSICHTEN DES KATERS MURR* gestaltet (1821/22).[100]

Mit der Figur des Musikers Josef Berglinger, der am Konflikt zwischen Kunstenthusiasmus und nüchterner Realität zugrunde geht, eröffnet Wackenroder die Reihe der Künstlerromane der Romantik. Obwohl es Berglinger in der bischöflichen Residenz bis zum Kapellmeister bringt, sieht er sich in seinem Kunstenthusiasmus tief enttäuscht und erlebt, **wie die Göttlichkeit der Kunst** (W 120) zum bloßen Zeitvertreib verflacht. Aus dieser Desillusion heraus findet er, in einem letzten Kraftakt, den Weg zur künstlerischen Meisterschaft. Er komponiert eine Passionsmusik, **die mit ihren durchdringenden, und alle Schmerzen des Leidens in sich fassenden Melodien, ewig ein Meisterstück bleiben wird** (W 154). Kurz nach der Aufführung des Oratoriums stirbt der junge Berglinger an Nervenfieber.

E. T. A. Hoffmanns Kapellmeister Josef Kreisler ist Berglinger in vielem verwandt, erscheint aber vor allem in den *LEBENS-ANSICHTEN DES KA-*

TERS MURR noch zerrissener. Er ist die bekannteste und am vielschichtigsten gezeichnete Künstlerfigur der Romantik (wohl auch deswegen, weil er Züge des Musikers Hoffmann trägt) und verkörpert den von seinem Genie berufenen Künstler, der den absoluten Anspruch der Kunst kompromisslos bis zur Selbstzerstörung gegen die Unzulänglichkeit der Welt verteidigt. Die Musik gibt ihm das **rege Gefühl höhern Seins** (H 208), lässt aber die Auseinandersetzung mit dem **Druck des Irdischen** (H 297) zur permanenten Existenzgefährdung werden.

SCHNEIDERS genialer Musiker Johannes Elias Alder ist nach dem Vorbild dieser romantischen Künstlerfiguren entworfen, wobei die Parallelen von der Konzeption der Figur über die Rolle der Musik bis in motivliche Details reichen. Josef Berglinger, Johannes Kreisler wie Elias Alder sind frühreife, hochempfindsame, exzentrische Menschen mit Hang zum Irrationalen, die zeitlebens an der Verständnislosigkeit und Banalität der Alltagswelt leiden. Von Kindheit an spielt die Musik die entscheidende Rolle in ihrem Leben. Die außergewöhnliche musikalische Begabung macht sie zu Auserwählten und bedingt gleichzeitig ihr Scheitern. Die höchste Form der Musik ist für sie die geistliche Musik, in der sie auch zur vollendetsten künstlerischen Leistung gelangen. In der Musik finden sie den subjektiven Ausdruck ihrer Seele; was sie erleben und fühlen, verwandeln sie in expressive Klangkunst. Bei der Ausübung ihrer künstlerischen Tätigkeit stoßen sie auf ein ungebildetes, oberflächliches Publikum, das ganz andere bzw. gar keine Erwartungen an Kunst hat und nur in seltenen Augenblicken deren erhebende, reinigende Wirkung nachvollziehen kann.

Über diese allgemeinen Parallelen hinaus erinnert Elias Alder auch in Einzelheiten an die beiden romantischen Künstlerfiguren, dabei zunächst deutlicher an Berglinger als an Kreisler. Der Arztsohn wie der Bergbauernbub müssen ihre musikalische Karriere gegen den Willen der Väter, die sie im eigenen Beruf tätig sehen wollen, durchsetzen und können keine emotionale Familienbindung entwickeln. Ihre Berufung zum Musiker, ihre Genialität ist von Gott gegeben und ihr Musizieren bleibt im Kern auf Gott gerichtet. Sie entfalten ihr musikalisches Talent weitgehend frei und empfinden Regeln und die handwerkliche Seite der Kunst als Einschränkung. Für Berglinger wie für Elias wird die Natur, in der sie die eigene Entgrenzung erleben, zu einer wichtigen Quelle der Inspiration. Beide verfügen über synästhetisches Wahrnehmungsvermögen, das Töne mit neuen Bedeutungen auflädt. Berglinger, der es zum Kapellmeister bringt, und Elias, der zum Dorforganisten aufrückt, erreichen in einem finalen künstlerischen Akt ihren musikalischen Höhepunkt. Dieser gelingt beiden allerdings nur um den Preis eines baldigen, frühen Todes.

Mit Kreisler, dem das Eschberger Genie schon äußerlich durch seinen schwarzen Rock und das Sonderbare seiner Erscheinung ähnelt, teilt Elias neben der Kunst eine weitere Leidenschaft, die Liebe. Die enge Verschränkung von Musik und Liebe zieht sich als Leitthema durch beide Lebensgeschichten. Für den exzentrischen Kapellmeister wie für den genialen Bauernsohn ist die Geliebte gleichzeitig Muse. Ihre Liebe ist von platonischer Art und sucht keine sinnliche Erfüllung. Gefährdet wird sie dadurch, dass sich die Angebeteten einem anderen, ganz und gar unkünstlerischen Partner zuwenden.

Beide Künstler erfahren auch sehr stark die dämonische Seite des Lebens, die wiederum Ausdruck in den Dissonanzen ihrer Musik findet. Dem jungen Kreisler (der *Kreisleriana*), der seine Kompositionen nicht aufschreibt bzw. nach der Aufführung vernichtet, entspricht Elias, der sein Spiel stets völlig frei, ohne Partitur entwickelt. Bei beiden Figuren wird der absolute Kunstanspruch bis in die Geburtsstunde zurückgeführt. Wie das Tedeum der Hebamme Elias zum Leben erweckt, begleiten in der Musikerfamilie Kreisler Lautenklänge die Geburt des Jungen.

Gerade die beiden zum Schluss aufgeführten Motivparallelen, das Problem der Materialisation von Kunst und das Ins-Leben-Gerufen-Werden durch Musik zeigen die Ähnlichkeit in der Verarbeitung der Geniethematik. Vorsicht ist jedoch – wie im Bereich der Dorfgeschichte – auch hier geboten, denn bei näherer Betrachtung wird rasch die unterschiedliche erzählerische Intention der beiden Autoren deutlich.

Die Angst vor der Fixierung der Kompositionen spiegelt beim jungen Kreisler tiefes Misstrauen einem Kunstbetrieb gegenüber, der die Heiligkeit seiner Musik nicht begreift und sein Werk missbrauchen könnte. Sie ist darüber hinaus Ausdruck von Selbstzweifeln, die einen Musiker befallen, der einen kompromisslosen Kunstanspruch an sich stellt. Bei Elias Alder ist das Fehlen von Partituren allein auf den Umstand zurückzuführen, dass der begnadete Bauernjunge **das Notenhandwerk nie erlernen** konnte (13), so sehr er sich auch stets danach gesehnt hatte. An musikalische Konkurrenz denkt Elias nicht (da ja auch in Eschberg ein Kunstbetrieb nicht existiert), Zweifel bezüglich der eigenen Musikalität kennt er nicht. Ein Moment der Angst zu Beginn des Orgelwettbewerbs verflüchtigt sich bei den ersten Orgelklängen und erlaubt es Elias, sein eigenes Spiel mit einem gewaltigen selbstsicheren Fortissimo-Lauf einzuleiten (170). Ein wichtiger Aspekt der romantischen Kunstdiskussion wird so zum äußeren Erzähleffekt umfunktioniert: Die Genialität des Eschberger Jungen erhöht sich ins Quasi-Mythische, weil der Kontrast zwischen dem Nicht-Beherrschen der einfachsten handwerklichen Fähigkeiten und der einzigartigen musikalischen Leistung in ein größtmögliches Spannungsverhältnis gesetzt ist.

Eine ähnliche Intentionsverschiebung ist auch beim zweiten Beispiel zu beobachten. Das Lautenspiel, das die Geburt des Johannes begleitet, mündet – durch das plötzliche Zerspringen der Saiten – in einen dissonanten Klang, der den Lautinisten zu düsteren Prognosen bezüglich der Musikalität des eben geborenen Kindes führt. Obwohl der Vater diesen Gedanken sofort verwirft, ist dennoch – mit der für Hoffmann typischen ironischen Leichtigkeit – eine ganze Lebensproblematik im Kern vorgezeichnet. Das Tedeum der Vorarlberger Hebamme, das den leblosen Fleischklumpen mit der gerissenen Nabelschnur ins Leben ruft, hat in erster Linie eine das Augenblicksgeschehen dramatisierende Wirkung, bevor sich der motivliche Gesamtzusammenhang erhellt.

Schneider greift, wie die beiden Beispiele zeigen, romantische Motive auf, entleert sie, zumindest zu einem Teil, ihrer ursprünglichen Bedeutung und macht sie dadurch frei, neues narratives Potenzial aufzunehmen. Reduktion und Expansion, Trivialisierung und Überhöhung gehen Hand in Hand. Dadurch verschwinden in Schneiders postmodernem Erzählkonzept die ursprünglichen romantischen Erzählanliegen. Von der tiefen Kunstfrömmigkeit des Berglinger, dem die Musik zur zweiten Religion wird, ist bei einem Elias nichts mehr zu erkennen, der der Verschwenderlaune eines zynischen Gottes ausgeliefert ist, welcher weiß, dass dessen wertvolle Gabe in einem Bergdorf wie Eschberg absolut vergeudet ist (vgl. auch 3.3). Auch die extreme künstlerische Zerrissenheit Kreislers, die von Außenstehenden als Wahnsinn interpretiert wird, kennt Elias so nicht. Er ist kein intellektueller Musiker, der seine Situation als Künstler reflektiert; seine Subjektivität ist im Gegensatz zu der Berglingers und Kreislers keine selbstgesteuerte. Mehr noch als ein Opfer Gottes und der bäuerlich-rückständigen Umgebung ist er ein Geschöpf des Erzählers, der die Genialität seiner Figur als Ausgangspunkt einer außergewöhnlichen, ihn selbst und damit auch den Leser faszinierenden Lebensgeschichte wählt. Um diese prätendierte Genialität glaubhaft zu machen, bedarf es starker erzählerischer Effekte. Die Banalisierung romantischer Motive kann vom Erzähler in Kauf genommen werden, wenn die narrative Potenzierung in sich schlüssig gelingt. Um das Bild vom Ende des letzten Kapitels noch einmal aufzugreifen: Die Kostüme, die sich der Erzähler überwirft, müssen nicht historisch genau, aber wirkungsvoll aufeinander abgestimmt sein.

## 3.3 Dritte Lesevariante: Die Heiligen-Legende

### *3.3.1 »Schlafes Bruder« als Geschichte eines Heiligen*

Der ins Mythische überhöhten Genialität des Johannes Elias Alder gibt der Erzähler stellenweise märchenhafte Züge. Er spricht von **Wunder** (19, 30, 16), wenn er die herausragenden Lebensstationen seines Helden beschreibt. Als Elias dem Tod nahe ist, bezeichnet er ihn als **Märtyrer** (196), nachdem er ihn kurz vorher bereits in einem Atemzug mit den **Heiligen des Bösen und des Guten** (149) genannt hat (auch wenn er ihn damit ausdrücklich **nicht in die Reihe dieser Heiligen** stellen will). Der von Gott auserwählte und mit einer besonderen Begabung begnadete Bauernjunge als eine Art Legenden-Figur: Unter diesem Aspekt kann die Lebensgeschichte des Johannes Elias Alder in Zusammenhang mit der religiösen Thematik des Romans als dritte Lesart betrachtet werden.[101]

Schneider konzipiert die Figur vor dem Hintergrund einer durch strengen Katholizismus und Klerikalismus geprägten Dorfgemeinde. Die Grenze zu mittelalterlichem Aberglauben und **Dämonerei** (20) ist bei diesen Bauern stets offen. Der offizielle Vertreter der Kirche, Kurat Elias Benzer, insgesamt alles andere als ein christliches Vorbild, macht tonangebend das Erlebnis der letzten vorarlbergischen Hexenverbrennung zum **Grundpfeiler seiner Theologie schlechthin** (20) und die Bewohner stehen ihm, was abergläubisches Eiferertum betrifft, in nichts nach. Von der **Hexenverfeuerung** (20) der Seelenzilli über die **rätselhaften Kulte** (50) der Seffin, die sich selbst verstümmelt und ihr Fleisch als Reliquie dem Hl. Eusebius darbietet, bis zur grausamen Opferung des Meistenteils, den die Eschberger als **Antichrist** (82) zum Sündenbock machen, ist eine konsequente Verkettung von rituell übersteigerter religiöser Hysterie und Lust am blutigen Exzess zu erkennen.

Auch im kirchlichen Alltag, der **nach der Christenlehre** (43) abläuft, herrscht nirgends echte Frömmigkeit. Dagegen verstehen es die Eschberger, aus Gott ein Geschäft zu machen. Die Seelenzilli, die **das Notwendige mit dem Heilsamen glücklich zu verbinden** (22) wusste, wird durch ihre Art der **Seelenbuchhaltung** (21) zur ersten Pensionsbezieherin von Eschberg. Um des Geldes und des Heils willen setzt die Haintzin eine ganze **Offenbarungsmaschinerie**[102] in Gang, nachdem Elias durch sein Stimmenimitationstalent sich ihrem blinden Mann gegenüber als **Prophet Elias** (59) ausgeben konnte. Die berechnende Art wird den leichtgläubigen Frömmlern wiederum durch ihren christlichen Lenker vorgeführt, der seine Gemeinde zu neuem Glaubenseifer anstacheln will, indem er das reinigende Pfingstfeuer in ein **alles versengendes Höllenfeuer** (26) verkehrt.

An der Spitze der repressiven christlichen Hierarchie steht ein Gott, der vom Erzähler als **rex tremendus**[103] dargestellt wird, als **oberste Strafinstanz**[104] einer von der Kirche sanktionierten Strafgesellschaft. Das ganze Dorf steht unter seinem Verdikt. Drei große Feuer löschen innerhalb eines Jahrhunderts das kleine Bergdorf aus, weil **Gott dort den Menschen nie gewollt hatte** (10, 76, 202). Durch die mythische Dreizahl und die großgeschriebene Nummerierung (Erstes Feuer, Zweites Feuer, Drittes Feuer) erinnert die Beschreibung der Feuerplagen an biblische Strafgerichtsszenen[105]. Die Eschberger fürchten ihren Gott, der bei Verfehlung mit Fegefeuer und Hölle droht und Frauen, die abgetrieben haben, auf die Ledigenbank verbannen lässt. Nach dem Ersten Feuer wendet sich diese Furcht in offene Feindseligkeit (93). Mit scharfer Kritik reagiert auch der Erzähler, der sein Schreiben als **eine Anklage wider Gott** und dessen **satanischen Plan** (13) ausgibt.

Aus dieser Perspektive ist die Vita des Johannes Elias Alder nichts anderes als die Vollstreckung dieses Plans (96), die der junge Eschberger nach und nach an sich erleben muss. Er wird als das besondere Werkzeug eines zynisch wirkenden Gottes eingeführt, dem es **gefällt** (13), den von ihm Auserwählten mit Gaben und Eigenschaften zu versehen, die **ohne Sinn** (135, 141) sind.

Der Einfluss Gottes macht sich bereits bei der Geburt des Elias bemerkbar. Das Kind, das sich gegen den Eintritt in die Welt wehren und damit dem göttlichen Plan widersetzen will, wird gewaltsam, unter Anrufung eben dieses Gottes, ins Leben gesetzt. Als ein **doppeltes Wunder** [...], **das der Mensch- und das der Geniewerdung** (19), apostrophiert der Erzähler dieses Ereignis. Ebenfalls unter dem Zeichen des Kirchlichen steht Elias' Entdeckung der Musik, die durch Taufchoral und Orgelklänge eingeleitet wird[106].

Den alles entscheidenden Eingriff in sein Leben erfährt Elias durch das Hörwunder: Der Erzähler betont, dass Gott diesmal behutsam vorgeht, indem er dieses Wunder **beinahe menschlich ankündigte** (33). Unbekümmert folgt der Fünfjährige dem Ruf des wasserverschliffenen Steins. Erst als sein Körper sich in grotesker Weise zu verändern beginnt und er immer gewaltigeren Klangszenarien ausgesetzt wird, offenbart sich Gott **in seiner unendlichen Grausamkeit** (39). Nach dem letzten Klang, der Elias auf seine zweite Bestimmung, die Liebe, vorbereitet, weiß der Erzähler: **Gott war noch lange nicht fertig mit ihm.** (39) Von den körperlichen Deformationen bleiben die gelb verfärbten Augen und die tiefe Stimme. Der fünfjährige Elias ist innerlich wie äußerlich durch das Wunder zum Mann gereift. Für die Mitmenschen liegt seither **Gottes Fluch** (40) auf dem schon äußerlich so Andersartigen. In der Farbe Gelb meinen sie, das Böse zu erkennen.[107] Der **Gelbseich** (43) ist für sie des Teufels.

Im Alter von zehn Jahren wird Elias eine erneute wundersame Erweiterung seiner Gaben zuteil: die Fähigkeit, mit den Tieren zu kommunizieren. In der Folgezeit entwickelt er seine außerordentliche Begabung zur Imitation fremder Stimmen, die er in gottähnlicher Selbstherrlichkeit einsetzt, um es den Dorfbewohnern heimzuzahlen. Er versetzt den blinden Haintz, der seinem Vater Land beim Zaunbau stiehlt, als **Prophet Elias** (59) in panischen Schrecken und löst dadurch eine religiöse Hysterie im Dorf aus.

Um Elias' musikalische Karriere weiterzuführen, greift Gott wenig später dadurch ein, dass er durch den grausigen Unfall des Blasebalgtreters Warmund Lamparter Elias Zutritt zur Orgelempore verschafft. Als neuer Blasebalgtreter erweckt der **Herrgottskerl** (66), der **begnadete Spielmann Gottes** (67), den Neid seines Onkels, der schließlich in Erkenntnis des eigenen Unvermögens Selbstmord begeht. Indem Gott Elias die Möglichkeit gibt, sein musikalisches Talent zu entfalten, demonstriert er erneut seine grausame Omnipotenz: **Gott ist stärker, denn er liebt alles Unrecht unter der Sonne.** (95)

Auf der nächsten Stufe seines Plans führt Gott Elias endgültig seiner zweiten Bestimmung zu. In der Nacht des Ersten Feuers rettet Elias seine Kusine Elsbeth Alder aus den Flammen des Elternhauses und **mußte** (78) sich in sie verlieben. Damit verfestigt Gott den entscheidenden Konflikt in Elias' Leben, legt aber gleichzeitig den Grundstein für dessen Auflehnung. **Mit dem letzten Quentchen seines begrenzten Willens entschied er sich für Elsbeth und somit gegen sein musikalisches Genie. Weil ihm aber das Genie von Gott gegeben, entschied er sich gegen Gott.** (96) Trotz dieser Entscheidung hält Gott an seinem Vorhaben fest und ermöglicht Elias **das österliche Wunder** (117), seinen ersten musikalischen Auftritt. Es folgt eine Zeit **höchsten Glücks** (117) für Elias, der sich seiner eigentlichen Bestimmung, der Liebe und damit auch wiederum Gott nahe fühlt. Erst das vergebliche Warten auf Elsbeth lässt erneute Zweifel an Gottes Handlungsweise aufkommen, der ihm **auf wunderbare Weise** (120) seine Vorbestimmung zeigt, ihm aber die Erfüllung in der Liebe verweigert. **Hatte sich Gott am Ende von ihm abgewandt?** (120), fragt sich Elias. In dieser Zeit entwickelt er eine seltsam ausgeprägte Marienverehrung als Möglichkeit äußerlicher Glaubensdemonstration sowie als Ersatz für die unrealisierte Liebe zu Elsbeth. Verstärkt werden seine Zweifel an Gott durch die Entdeckung der eigenen Sündhaftigkeit. Das Verbrechen an der unschuldigen Burga, in das ihn Peter hineinzieht, lassen Schuldgefühle in ihm entstehen, aber auch eine gewisse Lust an der Sünde, die er in dissonantem Orgelspiel auskostet (130).

Die Erkenntnis, dass Elsbeth sich für einen anderen entschieden hat, und der sadistische Hinweis Peters auf ihre Schwangerschaft lösen in Elias eine tiefe Glaubenskrise aus. Er begreift, **daß Gott ihn getäuscht hatte, sein Leben lang [...] und schrie Gott in sich zu Tode** (142). In dieser Situation gewährt ihm Gott das Erlebnis einer unmittelbaren Begegnung in Gestalt des nabellosen Kindes. Die Konfrontation mit dem leidenden Kind bedeutet für Elias eine Erlösung von seinem persönlichen Leiden, er muss nicht mehr lieben. Zwei äußerliche **Zeichen** (149) begleiten die Erscheinung: Elias erhält seine natürliche Augenfarbe wieder und der infolge eines Schlaganfalls gelähmte Vater kann für kurze Zeit wieder gehen und sprechen.

Die Erlösung von der Liebe verstärkt allerdings Elias' **Erkenntnis der Sinnlosigkeit allen Lebens** (149) und er fasst den Entschluss zu sterben. Von Gott befreien kann er sich dennoch nicht. Nach wie vor hält er an seinem Versuch fest, **die Spuren der göttlichen Wege zu finden** (152), und fragt sich, ob er durch einen Neubeginn seiner Liebe sich **wirklich** (153) gegen Gottes Plan stellen solle. Für diese Verzweiflung und Zerrissenheit findet auch der Erzähler Verständnis: **War nicht sein ganzes Leben ein irrwitziges Zerrbild göttlicher Verfehlung gewesen?** (154)

Gegen dieses Bild geht Elias noch ein letztes Mal an. Im Orgelwettbewerb gelangt er zu musikalischer Vollkommenheit und findet gleichzeitig seine Liebe zu Elsbeth wieder. Am Ende der langen Improvisation intoniert er, nachdem er sich musikalisch gegen den Tod aufgelehnt hat, in einer Apotheose des Himmels **eine Engelsleiter, welche unablässig höher in den Zustand des Paradiesischen führte** (180). Der für ihn ausgewählte Choral »Kömm, o Tod, du Schlafes Bruder«, der von der Sehnsucht nach Erlösung durchdrungen ist, zeichnet aber bereits seinen endgültigen Leidensweg vor. Nach dem Konzert macht er sich auf den **schmerzensreichen Weg** (187) zum wasserverschliffenen Stein, **seine persönliche ›via dolorosa‹**[108], um dort, wo man seiner Meinung nach **in den Himmel kömmt** (109), sein Leben durch Schlafentzug zu beenden. Diesen Zustand des Nicht-Schlafens sieht Elias als neues Leben, das ihm die Liebe Elsbeths und die Gewissheit der ewigen Seligkeit einbringen werde. Erst als er sein letztes Martyrium durchlitten hat, ist auch Gott **fertig mit ihm** (198).

### *3.3.2 Der Rückgriff auf die Heiligenlegende*

Das mehrfache Eingreifen Gottes in das Schicksal des Elias, die Wunder an zentraler Stelle der Geschichte, die Begegnung mit Gott in Gestalt eines nabellosen Kindes sowie die sprachliche Form des Romans mit ihren altertümlichen, pathetischen und moralisierenden Elementen veranlassen Werner, SCHNEIDERS Roman unter der Perspektive der Gattung Heiligenlegende zu betrachten. In Anlehnung an Hellmut Rosenfeld definiert Werner die Heiligenlegende als Erzählung, **die den irdischen Lebenslauf eines Heiligen oder einzelne Episoden daraus beinhaltet und der theologisch-moralischen Erbauung und Lehre dient**[109]. Als Heiliger nach katholischem Kirchenrecht, der als Mittler zwischen den Menschen und Gott oder als Spender eines erbetenen Beistandes vom gläubigen Volk verehrt wird, kommt Elias für ihn nicht in Betracht, aber er sieht ihn **als in außergewöhnlichem Maße von Gott begnadet;** er ist – wie die meisten Heiligen auch – **ein eher naiver Auserwählter**[110]. So bleibt für Werner die Frage, ob *SCHLAFES BRUDER* nicht zumindest eine Variante der Heiligenlegende ist, deren Protagonist **in weitergefaßtem Sinne heiligmäßig lebt, erfährt und stirbt.**[111]

Äußerlich ist Elias **ein Hang zum Priesterlichen**[112] mitgegeben, der sich in seiner Vorliebe für schwarze Kleidung und einer Art Mönchstonsur zeigt, die in der Hörwunderszene nach dem büschelweisen Ausfall der Haare auf seinem Hinterkopf entstanden ist. Der mit den Tieren sprechende Elias, der vor seinem Tod seine **letzte Botschaft** (197) von den Waldtieren vernimmt, erinnert an den Heiligen Franziskus von Assisi, der gemäß der Legende den Vögeln predigte und mit den Tieren kommunizierte. Als **musikalischer Heiliger**[113] erscheint Elias, wenn er durch seine Fähigkeit, mittels seines Orgelspiels auf einem Instrument zu predigen, das er **geheilt** und dessen **Seele** (70) er wiedergefunden hat, zum **Mittler des Wort Gottes**[114] wird. Ein weiteres Zeichen seiner Auserwähltheit ist das Erlebnis der Theophanie, das Anspielungen sowohl auf die Weihnachtsgeschichte wie auf die Passionsgeschichte enthält[115]. Der Tod durch Schlafentzug bedingt einen **Läuterungs- und Wandlungsprozeß**[116], durch den Elias das Problem der Theodizee für sich löst. Gleich dem Propheten Elias, der zum Berg Horeb wanderte, wo ihm Gott erschien, steigt Elias in den Tagen des Schlafentzugs auf den höchsten Berg der Gegend. Nach seiner Rückkehr lässt er sich von Peter, **seinem judasgleichen Jugendfreund**, an eine Esche fesseln, um festgebunden **wie Christus am Kreuz**[117] zu sterben. Sein Märtyrer-Tod bewirkt eine Charakterwandlung Peters, der – dem Apostel Paulus vergleichbar – **wie durch ein Damaskus-Erlebnis** vom Sadist und Brandstifter zum umgänglichen Menschen- und Tierfreund **geläutert** (201) wird.

Werner kommt zu dem Schluss, dass Elias' Geschichte trotz der Ähnlichkeiten mit Heiligenleben, trotz stellenweise messianischer Züge nicht als Heiligenlegende im strengeren Sinn anzusehen ist: **es bleibt bei einem ironischen Spiel mit Versatzstücken, einer Vermengung von Andeutungen, religiösen Topoi und hagiographischen Anspielungen.**[118] Auch die Bezeichnung **Legenden-Parodie** hält er für unangemessen, da das grundsätzliche Pathos des Romans, abgesehen von den ironischen Momenten, unparodiert bleibt.[119] Darüber hinaus ist auch eine Erzählerfigur, die sich nicht nur Elias gegenüber in erzählerischer Allwissenheit übt, sondern in gleicher Weise Gott in seine olympisch anmutende Kritik miteinbezieht (154), weder mit einer Legendenerzählung im traditionellen Sinn noch mit einer Legendenparodie vereinbar. Die **modern-antiklerikale Haltung des Chronisten**[120], der Gott und seine irdischen Vertreter kritisiert, unterstreicht dies.

Auch im Bereich der religiösen Thematik liegt SCHNEIDERS Anliegen also nicht auf der Ebene konsequenter gattungstypologischer Auseinandersetzung. Der mal ironische, mal pathetische Bezug auf Gott, seine Heiligen und die Religion gibt sowohl der Chronik eines abgelegenen Vorarlberger Bergdorfes, in dem sich die Abgründe der menschlichen Seele offenbaren, als auch der tragisch-romantischen Geschichte eines genialen Musikers, der an seiner unerfüllten Liebe und der Beschränktheit seiner Umgebung zerbricht, eine zusätzliche **sakrale Begleitmusik**[121], die das Opus um eine weitere Klang- und Sinnkomponente erweitert. In den intertextuellen Anspielungen kristallisiert sich kein verbindlicher Deutungsansatz, sondern öffnet sich ein breiter Deutungsspielraum. Das jeweilige Zitat ist Bestandteil eines chamäleonartigen Spiels mit literarischen Vorgaben, die sich wechselseitig in ein neues Licht rücken und unerwartete literarische Perspektiven freigeben. Unerheblich ist in diesem Zusammenhang die Frage, wie bewusst und gezielt der Autor dieses Spiel betreibt. Im Rahmen postmoderner Intertextualität gibt er seine schöpferische Initiative an den Leser weiter, sodass dieser das Spiel aufgreifen kann, indem er es – je nach Vermögen und Interesse – passiv konsumiert oder aktiv weiterführt. Wie weit ein solches Spiel, aus der Sicht des Interpreten, gehen kann, soll folgender Exkurs zeigen.

### Exkurs
### Intertextualität und Heinrich von Kleists Legende »Die heilige Cäcilie oder die Gewalt der Musik«[122]

In Schneiders Roman ruft der Domorganist Goller mehrfach die Heilige Cäcilie, Schutzpatronin der Musik und der Musiker, an (161, 163, 166, 167), um sein ungläubiges Erstaunen über Elias' Musikalität zu äußern. Diese Ausrufe sind zunächst nichts weiter als Teil der diese Figur charakterisierenden Phraseologie. Dahinter klingt aber, wenn man will, eine weitere *Melodie* als leise Hintergrundmusik an: Heinrich von Kleists Legende *Die heilige Cäcilie oder die Gewalt der Musik*.

In der 2. Fassung, die Kleist 1811 im 2. Band der Erzählungen veröffentlichte (als Johannes Elias Alder acht Jahre alt ist), beschreibt er folgendes, im Untertitel ausdrücklich als **Legende** bezeichnetes Geschehen, das Ende des sechzehnten Jahrhunderts vor dem Hintergrund der Religionskriege spielt: Das Cäcilienkloster bei Aachen wird vor der Zerstörung durch protestantische Bilderstürmer dadurch gerettet, dass die Heilige Cäcilie in Gestalt der erkrankten Nonne Antonia eine alte italienische Messe dirigiert. Diese Aufführung bewirkt bei vier Brüdern, die als Anführer des Bildersturms auftreten, eine plötzliche Bekehrung, sodass sie von ihrem zerstörerischen Vorhaben ablassen.

Berührungspunkte zwischen *Schlafes Bruder* und der *Heiligen Cäcilie* liegen da, wo das Thema des Wunderbaren und das der **Gewalt der**

**Musik** zusammenkommen. Wie die Heilige Cäcilie unerwartet erscheint und in Gestalt der Nonne Antonia, die, an schwerem Nervenfieber erkrankt, als Dirigentin ausfällt, die Aufführung der italienischen Messe während des Fronleichnamsgottesdienstes doch noch ermöglicht, übernimmt Elias, ebenso unerwartet, den Platz des infolge schweren Alkoholgenusses spielunfähigen Onkels und rettet so das Eschberger Osterkonzert. Beide Interpreten musizieren, **von Begeisterung glühend,** führen ihr Werk **mit der höchsten und herrlichsten musikalischen Pracht** (K45) auf und erzielen ungeahnte Wirkungen. Die alte italienische Messe, die auch früher schon **einer besonderen Heiligkeit und Herrlichkeit wegen, mit welcher sie gedichtet war, die größten Wirkungen hervorgebracht hatte** (K44), lässt die ganze Bevölkerung in der Kirche zu Tode erstarren und hält die vier Brüder von ihrem bilderstürmerischen Vorhaben zurück. Elias vermag mit seiner mächtig ausholenden Toccata und mit der fünfstimmigen Fuge, die er über die Melodie des Kirchenliedes setzt, die Bauern in heftiges Erschrecken zu versetzen, sodass sie verstummen und **ihre sturen Gemüter lammfromm** (115) werden.

Sowohl bei Kleist als auch bei SCHNEIDER vereint die Musik himmlische wie zerstörerische Kraft. Während auf der Orgelempore die musizierenden Nonnen **wunderbarer, himmlischer Trost** überkommt, der **ihre Seelen, wie auf Schwingen, durch alle Himmel des Wohlklangs** führt, regt sich unten in der Kirche **kein Odem** und es hat den Anschein, **als ob die ganze Bevölkerung der Kirche tot sei** (K45). Als Elias während des Orgelwettbewerbs seine Improvisation beginnt, um darzulegen, wie der Mensch sich gegen den Tod aufzulehnen habe, entsteht im Dom **eine derart unheimliche Stimmung, als ahnten das Kind und der Greis zu gleicher Zeit: Der Tod ist in diesen Mauern,** und **ein numinoses Stilles** (175) legt sich über die Gesichter der Bauern.

Das Thema der **Gewalt der Musik** ist bei Kleist in zwei Briefstellen vorgeformt, in denen er ein kosmisch-musikalisches Erlebnis schildert, das an Elias' Hörwunder am wasserverschliffenen Stein erinnert. Der junge Kleist beschreibt am 19. September 1800 sowie am 28. Juli 1801 seiner Braut Adolfine von Werdeck, wie er bei einem einsamen Spaziergang in der Rheingegend, als ihn die Wellen der Luft und des Wassers umtönten, **ganze Konzerte, vollständig, mit allen Instrumenten** gehört habe.[123] Das frühe Natur- und Musikerleben ist bei Kleist an eine Besinnung auf die antike Vorstellung einer Harmonie der Sphären gekoppelt. Es erinnert an die kosmischen Klangszenarien, denen der fünfjährige Elias in *SCHLAFES BRUDER* ausgesetzt ist, auch wenn diese sich ungleich vehementer und nicht instrumental überhöht entfalten.

Interessant mag unter intertextueller Perspektive auch sein, dass die

Legende der *Heiligen Cäcilie* thematische Bezüge zu einem einige Jahre früher entstandenen Werk aufweist, von dem auch in Zusammenhang mit *Schlafes Bruder* bereits die Rede war, und zwar zu Wackenroders *Herzensergiessungen eines kunstliebenden Klosterbruders* und daraus speziell zur Berglinger-Erzählung. Vor allem in einem Punkt berühren sich Kleists Legende und Wackenroders Novelle: Der Kirchenmusiker Joseph Berglinger, auch Dichter und Komponist eines Liedes an die Heilige Cäcilie, schreibt mit einer wunderbaren Begeisterung sein musikalisches Meisterwerk, ein Passionsoratorium, das er anschließend im Dom mit heftigster Anspannung und Erhitzung zur Aufführung bringt. Bald danach stirbt er am Nervenfieber. Ebenfalls vor Begeisterung glühend erscheint in der Kleist'schen Legende Schwester Antonia (bzw. die Heilige Cäcilie in ihrer Gestalt) auf der Orgelempore, um die Messe zu dirigieren, und stirbt am Abend desselben Tages am Nervenfieber, wie die Äbtissin des Klosters angibt. Wie Schwester Antonia wird auch Berglinger zum Opfer seiner Kunst. Fast zwei Jahrhunderte später erinnert ein Bauern-Genie fernab in den Vorarlberger Bergen an diese kunstenthusiastischen Märtyrer.

Die literarischen Bezüge, die in Schneiders Roman aufgedeckt werden konnten, sind äußerst vielfältig und reichen von der losen Anspielung über das offene oder verdeckte Zitat bis hin zur Parodie. Der intertextuell gelesene Text erweist sich als polyvalent im Sinne der in den Text eingespielten **semantischen und ästhetischen Differenz**[124], wie sie durch die Aneignung fremder Texte und Gattungsschemata erzeugt wird. Der so entstehende **semantische Mehrwert**[125] ist Ziel intertextueller Lektüre. Dass auf diesem Weg unterschiedliche Leseangebote zustande kommen, die unterschiedliche Bedeutungsdimensionen ansprechen, hat dieses Kapitel gezeigt. Es versteht sich, dass keine dieser Lesarten grundsätzliche Priorität beanspruchen kann. Von einer Beliebigkeit intertextueller Lektüre ist dennoch nicht auszugehen, da im jeweiligen Zusammenhang auch gefragt wurde, welche Valenz das Zitat im Originaltext hat und welche es im neuen Text entfaltet. Denn nur so ist erkennbar, wie das Fremde zum Eigenen wird.

Eine Dimension des Eigenen liegt bei *Schlafes Bruder*, gelesen als Dorfgeschichte, als Künstlerroman, als Heiligenlegende, in der jeweiligen Monumentalisierung des Stofflichen, die Schneider ins Grotesk-Schauervolle einerseits und ins Sentimentalisch-Weihevolle andererseits führt. Darüber hinaus zeigt sich Schneider in der Assimilierung des Fremden als raffinierter Komponist, der – wie seine Romanfigur – **das Gesetz der Imitation** (70) spielend beherrscht, indem er zwischen dem Fremden und dem Eigenen **fröhlich hin und her gaukelt** (69) gleich den von Elias beobachteten Zitronenfaltern.

# 4 Die Lust am Erzählen

## 4.1 Der Erzähler

Schneider als souveräner Arrangeur eines weitreichenden Intertextualitätskonzepts bringt einen ebenso souveränen epischen Vermittler ins Spiel: die Figur des Erzählers. Sie ist das Medium, in dem die vorgefundenen Elemente um- und eingeschmolzen werden zu neuen Einheiten, aus denen sich die Geschichte konstituiert. Als eigenständige literarische Gestalt, als **verdeckte Hauptfigur**[126] stellt sie sich zwischen Autor und Fabel. Der Erzähler ist omnipräsent und verfügt mit großer erzählerischer Gebärde über seinen Stoff. Mit dem sprachlichen Habitus des 19. Jahrhunderts, von dem er erzählt, scheint er selbst einer Zeit anzugehören, in der die Erzählung noch in Ordnung war. Er ist sich der Wirkung seines Erzählens sicher, das auf Handlung, Höhepunkt und äußere Spannung setzt. Die unerhörte Begebenheit, der außergewöhnliche Held, die spannungsreiche Komposition, der sprachliche Gestus des epischen Vermittelns, all das spiegelt ungebrochene Fabulierlust. Von einer Krise des Erzählens scheint er unberührt und setzt sich damit dem Verdacht aus, in der engen Vorarlberger Bergwelt die Entwicklung der Erzählkunst und die epischen Experimente dieses Jahrhunderts verpasst zu haben. Er erzählt, als hätte es die Moderne nie gegeben.

Sein Erzählen ist von Anfang an zielgerichtet. Er weiß, was er erzählen möchte: **Die Welt dieses Menschen und den Lauf seines elenden Lebens wollen wir beschreiben.** (9) Er weiß auch, was ihn nicht interessiert (12) und wann er seine Geschichte beenden muss: **Wir schließen die Blätter unseres Büchleins über Johannes Elias Alder. Was kommt, ist von Unerheblichkeit. Es ist das Zu-Ende-Erzählen einer nunmehr unbedeutenden Welt.** (199) Desgleichen erscheint klar, warum er erzählt. Dem Erzählen des vorherigen Jahrhunderts verpflichtet, ist er der Auffassung, dass **wir aus den Lebensgeschichten der Großen dieser Welt** (149) lernen. An der treuen Gefolgschaft seines Lesers zweifelt er dabei nicht. Er mutet ihm zu, gleich im ersten Satz des Romans die ganze Geschichte zu erfahren, darauf vertrauend, dass der Leser dennoch dem Geschehen mit wachsender Erregung folgen wird. Im Pluralis Majestatis, den er für sich in Anspruch nimmt, bestätigt er fortlaufend, im Stil eines alten Erzählduktus, seinen omnipotenten epischen Anspruch, in den er auch den Leser einzubinden sucht.

Mitunter tritt er aus dieser Perspektive, die an die Vergangenheit des Erzählten gebunden ist, heraus, indem er die Gegenwart des Schreibens mitreflektiert:

> Wir heben die Augen von diesen Papieren und blicken aus unserer niedrigen Schreibstatt – klein wie ein Puppenhaus – hinab auf die jetzt fahlgrau verschneiten Hänge. Fröhliches Kindsgeschrei und das helle Jauchzen einer jungen Mutter hören wir. Und wir sehen die lebendigen Knäuel mit ihren Schlitten heraufkommen, spüren die tiefe Freude dieser Kinder, wie sie mühlos durch den tiefen Neuschnee zu waten vermögen. Dann kehren wir an unseren Tisch zurück, wo es noch von der Schwüle des Spätsommers duftet. (198)

Nachdem der Erzähler den Tod des Elias festgestellt und zeitlich fixiert hat, entfernt er sich von der Nähe zum erzählten Geschehen in die räumliche und zeitliche Distanz der Gegenwartswelt, auf die er von oben herabblickt. Eigentümlich klein und zurückgenommen wirkt diese Welt für jemanden, der sich sonst nicht gerade in Bescheidenheit übt; merkwürdig zeitlos auch diese Gegenwart, in der Sommer und Winter ineinander übergehen. Der Erzähler, der das Leben seines Helden zu Ende erzählt hat, vergisst für einen Augenblick, so hat man den Eindruck, seine epische Pose, die Rolle dessen, der als Teil der Geschichte die Fäden des Geschehens in der Hand hält und die epische Kommunikation garantiert. Indem er aus dieser Rolle schlüpft, macht er sie als Rolle sichtbar.

### *4.1.1 Die Rollen des Erzählers*

Die Rückkehr des Erzählers ist am Ende des 20. Jahrhunderts, so wird deutlich, nur noch als Rolle möglich.

> Der Erzähler ist ein moderner, der nach der alten Gleichung, dass die Form dem Inhalt entsprechen möge, in das Gewand der Vergangenheit schlüpfen will – dies aber wird naturgemäß zur wechselnden Verkleidung.[127]

Dass Schneider dieses Spiel mit der Verkleidung wiederum virtuos betreibt, verwundert nicht angesichts der bisherigen Beobachtungen. Aus der einen Rolle werden bei näherer Betrachtung mehrere Rollen, die sich ergänzen, aber auch gegenseitig aufheben. Brüche und Widersprüche werden in der Spannung zwischen dem 19. und 20. Jahrhundert sichtbar. Indem man den wechselnden Spuren des Erzählers im Kontext des Erzählten nachgeht, erhält man noch einmal Einblick in Schneiders postmodernes Erzählkonzept.

*Der allwissende Erzähler:* Von Beginn des Romans an regiert der auktoriale, allwissende Erzähler, der aus epischer Distanz ein Geschehen betrachtet, das sich in der Vergangenheit zugetragen hat. Er erzählt es (weitgehend) chronologisch-linear und im epischen Präteritum, **in raunender Beschwörung des Imperfekts**[128]. Er überblickt, weit über die Biografie des Elias hinausgehend, die Ereignisse im Gesamtzusammenhang und weiß, was **nicht einmal die Alten im nahen Götzberg ahnten** (10). Er kennt seine Figuren im Innersten, kann schildern, was die Ellensönin über ihre Zukunft **sinnierte** (16), was Elsbeth über die Dinge der Liebe **sann** (135) und Elias in seinem Kopf **erwog** (141). Er hat selbst Einblick in das, was Gott **gefiel** (13) und was er bei seinen Entscheidungen bedenkt (160).

Trotz der olympischen Position entgleitet dem Erzähler aber immer wieder der Blick fürs Ganze. Er muss nicht nur dem Leser/der Leserin, sondern manchmal auch sich selbst die Dinge erst **vor Augen bringen** (99), um sie richtig zu begreifen, oder lässt sich von der Macht der Ereignisse so mitreißen, dass ihm der Überblick verloren geht: **Mit vierzehn Jahren schulte Elias aus, und erschrocken müssen wir feststellen, daß er schon mehr als die Hälfte des Lebens verlebt hatte.** (61) Manchmal findet er sich mitten im Geschehen wieder, so zum Beispiel, wenn er Augenzeuge der Begeisterung wird, die die Zuhörer nach Elias' großer Orgelimprovisation ergreift: **Hüte wurden in die Luft geworfen, Körbe, Halstücher, und wir meinen gar ein Bündel Windeln in die Höhe fahren gesehn zu haben.** (182) Unmittelbar danach nimmt er seine auktoriale Haltung wieder ein, indem er von Elias berichtet, dass **niemand bemerkte, daß er vor Glück und Erschöpfung weinte** (183). Ganz sicher ist er sich seiner eigenen Beobachtung allerdings nicht: **Oder weinte er über den unglaublichen Entschluß, den er beim Orgelspiel gefaßt hatte?**, fragt er sich im gleichen Atemzug und deutet damit gleichzeitig auf Elias' Vorhaben voraus, um seiner Liebe willen nicht mehr zu schlafen.

Auch an anderen Stellen wird deutlich, dass es mit dem Wissen des Erzählers nicht so weit her ist, wie er gerne vorgibt. Er muss sich auf Hinweise anderer stützen: [...] **denn in Eschberg gab es in der Folgezeit etliche braunschöpfige Kinder, welche, wie es hieß, dem hochwürdigen Herrn Kurat wie aus der Form gestürzt waren** (28), oder gibt sich mit Vermutungen zufrieden: [...] **und es mochte fast scheinen, als trage er eine gewisse Scheu vor dem Taufakt selbst** (29).

Den gebrochenen Duktus des vorgeblich allwissenden Erzählers belegt Zeyringer anhand folgender Textstelle, in der das Wörtchen **wohl** die Unsicherheit des Erzählers verrate:

> **Nun ist zu erzählen, was sich in der Nacht des Karsamstags und an dem darauffolgenden Ostermorgen ereignete. Damit eröffnen wir gleichzeitig das wohl glücklichste Kapitel im Leben unseres Helden.** (111)[129]

Die fehlende Gewissheit, die hier versteckt oder indirekt formuliert ist, gibt der Erzähler an anderen Stellen offen zu. Die Vorgänge, die er erzählt, erscheinen ihm **unglaublich** (38), **unerklärlich** (35, 39), **unbegreiflich** (122). Er kann **nicht beantworten** (145), will **einfach nicht begreifen** (151) und muss trotz zweimaligem Nachfragen zugeben: **Es ist nicht faßlich.** (160) Dann wieder verzichtet er bewusst auf Wissen, indem er vorgibt, sich diskret zurückzuziehen: **Wir wollen es auch nicht wissen, lassen unseren Musikanten allein, warten, bis sich sein Gemüt beruhigt und er anhebt, die ersten Töne seines Lebens zu spielen.** (68)

*Der Chronist:* Der (vorgeblich) allwissende Erzähler nimmt für sich die Rolle des Chronisten in Anspruch, indem er die Biografie seines Helden als Teil einer Bauernchronik ausgibt. Daten und Zahlen suggerieren ernsthafte Recherchetätigkeit: **In der Nacht des Dritten Feuers, am 5. September 1892, verbrannten in ihren Betten zwölf Menschen, in den Ställen achtundvierzig Stück Vieh.** (10) Durch Hinweise auf Taufbücher (30, 103), Sterbematriken, aus denen er in Originalform zitiert (103), Gerichtsakten (19) und zeitgenössische Publikationen (163) mimt er den Historiker, der sich für die Wahrheit des Erzählten verbürgt. Unter diese seriösen Quellen schmuggeln sich allerdings auch zwielichtige Zeugen, denen **nicht einmal die gefährlichsten Idioten von Eschberg** (81) Glauben schenken, die jedoch der Erzähler durchaus zu Wort kommen lässt.

Der einerseits so offensichtlich um historische Objektivität bemühte Chronist huldigt auf der anderen Seite ganz unverstellt seinen subjektiven Interessen als Erzähler.

> **Und der Bruder Fritz? Wir geben ohne Hehl zu, daß er uns nicht interessiert. Fritz war zeitlebens ein so unbedeutender Mensch, daß wir ihn dem Leser am liebsten überhaupt unterschlagen möchten. Er war von jener Art des vollkommen nichtssagenden Zeitgenossen. Und tatsächlich. Aus dem Mund des Fritz Alder ist uns kein einziges Wort überliefert. Wäre eines überliefert, es interessierte uns nicht.** (51, vgl. auch 135)

Für einen so erzählenden Chronisten ist historische Vollständigkeit kein Kriterium, das Beschreiben von Alltäglichkeit **mit präziser Feder in hundert sich kreuzenden Strichen** nur **vertane Zeit** (13).

*Der Erzähler-Regisseur:* Deutlich gibt sich der Erzähler auch in der klassischen Rolle des Regisseurs zu erkennen. Abgesehen davon, dass er gemäß einer ausgeklügelten Spannungsdramaturgie den Bogen einer Entwicklung spannt und die epischen Verknüpfungen herstellt, gibt er immer wieder vor Ort Einblick in die Organisationsarbeit des Epikers. Er schafft Ordnungszusammenhänge, in deren Rahmen er die Ereignisse situiert (das Erste, das Zweite, das Dritte Feuer), und gibt dem Leser Orientierungshilfe: **und wir kehren zurück zum Frühjahr 1808, zum Fünfjährigen.** (51) Er legt ein Netz von Vorausdeutungen und Rückverweisen:

> **Das ungeheuerliche Gesetz, wonach eine jede Liebe immer in den Tod führt, sollte sich an diesem Mann auf eine abscheulich pervertierte Weise erfüllen.** (154; vgl. auch 20, 29, 42, 51, 90, 111, 114, 188)

> Im August führte man unter heftigen Protesten – vor allem von älterer Seite – das sogenannte ›Petroleum‹ ein. Ein Öl, mit dem schon Jahre zuvor der Meistenteils sein Stübchen wundersam erhellt hatte, und mit welchem er schließlich übergossen und verbrannt worden war. (155; vgl. 43, 114, 124, 154)

Auch macht er Digressionen deutlich, indem er markiert, wo er abschweift, oder betont, dass er die eingeschobene Episode beendet bzw. den Erzählfaden wieder aufgreift:

> In diesem Zusammenhang ist das Schicksal des Köhler Michels zu erzählen, welches sich in jenen Monaten auf das allergefährlichste zuspitzte. (156) – Wir verlieren den Köhler Michel für immer aus unseren Augen. (158 f.; vgl. auch 19, 51, 62, 80, 117, 166)

Allerdings nimmt es der Regisseur mit seinen eigenen Ankündigungen nicht immer genau. Nachdem er den Leser hat wissen lassen, dass er den Köhler Michel für immer aus den Augen verliert, fährt er dennoch fort, berichtet von dessen Tod und **Kinder(n) und Kindeskinder(n)** (159, vgl. auch 19). Unglaubwürdig wird er auch dann, wenn er vorgibt, auf den Eintritt eines Ereignisses zu hoffen, das seinen Helden aus der durch ihn vorgezeichneten Bahn werfen könnte, und einräumt, in diesem Fall auch sein Erzählvorhaben verändern zu wollen:

> Vergeblich wartet der Leser mit uns auf ein äußerliches Ereignis, welches den jungen Mann endlich aus seinem engbestirnten Dorf wegrufen möchte. [...] Wie gerne wollten wir davon erzählen, wie unser Held Abschied nimmt von seinem Vaterhaus [...]. (61)

Darüber hinaus scheinen sich die Geschehnisse auch ohne Zutun des Erzählers immer wieder von selbst zu **fügen** (58 u. a.) oder er steht machtlos der Figur gegenüber, die sich offensichtlich seiner Lenkung entzieht. Er resigniert angesichts eines Elias, der stur an seiner Sprachlosigkeit festhält und sich durch Worte nicht aufrütteln lässt. **Wir müßten verstummen. Und weil wir das wissen, fassen wir ihn nicht mit zorniger Faust bei den Schultern.** (136)

*Der Moralist:* Die Gefahr des Verstummens liegt allerdings nicht ernsthaft nahe bei diesem Erzähler, der sich auch in der Rolle der moralischen Instanz gefällt und mit seinem Urteil über die Welt und seine Figuren nicht hinter dem Berg hält. Das **elende Leben** (9), das **bestürzende Schicksal** 813), den **spektakulären Tod** (9) des Johannes Elias Alder will er beschreiben, und als **traurige Aufzählung** (13) wertet er diese Beschreibung. Er mischt sich ein, beratend: **Was denn, hätten wir dem Elias raten können?** (95) oder belehrend: **Erlösung aber ist die Erkenntnis der Sinnlosigkeit allen Lebens. Das lernen wir aus den Lebensgeschichten der Großen dieser Welt.** (149) Er weiß es besser: **Elias meinte, sie habe sich in dieser Stunde**

**in ihn verliebt. Nur ein wirklich Liebender kann sich so grausam irren.** (109). Selten hält er seine Wertung zurück (30); ebenso selten revidiert er sein Urteil (114). Vereinzelt reflektiert er sein moralisierendes Vorgehen: **So herzlos es klingen mag, aber das vorübergehende Irrsein der Mutter bedeutete für Elias den Beginn seines Lebens.** (51)

Die Wertmaßstäbe setzt er mit absoluter Sicherheit: Sokrates gilt ihm **als der höchste Denker,** Jesus als **der größte Liebende,** Leonardo als **der trefflichste Bildner** und Mozart als der **vollkommenste Musiker** (14). Zweifel ob seiner Urteilsfähigkeit überkommen den Leser vielleicht erst angesichts der Beschreibung des Köhler Michel, dessen Verskunst eher bescheiden anmutet (63) und an dem der Leser gleichwohl ermessen soll, **welch gewaltige Kraft das geschriebene Wort in jener Zeit noch besessen hat** (159).

Um als moralische Instanz ernst genommen zu werden, ist der Erzähler emotional oft zu sehr in das erzählte Geschehen verstrickt. Die Heftigkeit der persönlichen Anteilnahme hindert ihn mitunter sogar am Schreiben:

> **Wir denken an den Ostertag des Jahres 1820, und unser Herz überschlägt sich vor Freude. An diesem Tag wird Elias so gewaltig präludieren, wie solches die Eschberger Welt noch nicht gehört hat. Mit Mühe ermahnen wir unser Herz, ruhig in der Chronik dieses Lebens fortzufahren. Mit Mühe.** (67)

An einer anderen Stelle gerät er über das Verhalten seiner Figur so in Erregung, dass er handgreiflich werden möchte:

> **Mit zorniger Faust möchten wir diese fiebrig herumirrende, schwarz-dürre Gestalt mit den gelben Augen und dem schütteren Langhaar festhalten, sie bei den Schultern fassen und ihr ins Gesicht schreien: ›Rede endlich! [...]‹.** (136)[130]

Obwohl sich der Erzähler immer wieder für Augenblicke vom Schicksal seines Helden aufrühren lässt, scheint er insgesamt von dessen Leiden eher unberührt. Nachdem er seine Chronistentätigkeit abgeschlossen hat, zieht er sich in sein **Puppenhaus** zurück und wägt aus der Entfernung von oben herabblickend ab: **Nein, wir trauern nicht um diesen Menschen. Wir trauern um sein Genie und um die Unmöglichkeit seines Liebens.** (198) Nicht die Nähe zur Figur löst hier die Anteilnahme des Erzählers aus, sondern das Interesse an einem Stoff, der geeignet ist, ihn zu erschüttern. Man erinnert sich an den Anfang und liest die Zeilen mit neuer Akzentsetzung:

> **Als uns das bestürzende Schicksal des Johannes Elias Alder zu Ohren kam, da wurden wir still [...] Da trauerten wir um diese unbekannten, diese geborenen und doch zeitlebens ungeborenen Menschen. Elias Alder war einer von diesen.** (13 f.)

Hinter der Maske der Betroffenheit verbirgt sich, so kann man folgern, weniger eine menschlich mitfühlende Seele als eine Instanz, die das Erzählen in Gang setzt und am Laufen hält. Im Zweifelsfall muss das eloquent beschworene **Leid** zurückstehen, damit das Erzählen nicht in Verzug gerät: **Unsagbar ist das Leid dieser hohen Welt. Wir müssen den Spuren unseres Helden folgen, können nicht die vielen begleiten und ihren Kummer mit vager Hoffnung lindern** [...]. (76f.)

*Der Vertraute des Lesers:* Der Erzähler bezieht den Leser (gemeint ist Leser als literarische Kategorie) als Partner in die epische Kommunikation mit ein und steht in ständiger fiktiver Zwiesprache mit ihm. Der Leser ist in das **wir** des Erzählers mit eingeschlossen, aber auch in dessen besitzergreifenden Anspruch gegenüber den Figuren: **unser Kind** (28), **unser Musikant** (103), **unser Held** (168). Es wird eine Gemeinschaft suggeriert, die der Erzähler auch dadurch zu gewährleisten scheint, dass er sich dem Leser verpflichtet, beispielsweise, wenn er bedenkt, dass es **unehrenhaft wäre** (51), ihm gewisse Dinge vorzuenthalten, dass er sich seiner Gefolgschaft ausdrücklich versichert (27) und sein Vertrauen geradezu beschwört: **Drum glaube der Leser mit uns** [...] (151). Diese Demutshaltung geht bis zur Anbiederung:

> **Aber ist es dem Leser nicht auch schon begegnet, daß, wenn er meinte, sein Geschick ziehe sich unheilvoll über ihm zusammen gleich schwarzen, tiefhängenden Wolkenmassen, er endlich doch noch einen Flecken gefunden hat, den ein dünner Sonnenstrahl hoffnungsvoll beschien?** (160f.)

Zweifel tauchen dennoch auf, ob dieser Leser wirklich ernst genommen wird, denn dessen mögliche Einwände wischt der Erzähler in altväterlicher Manier beiseite:

> **Ein Leser, der uns zwischenzeitlich bis an diesen Punkt gefolgt ist, mag sich die Frage vorlegen, weshalb wir uns so ausführlich über den hitzigen Kuraten verbreiten und nicht endlich die Erzählung auf jenes sonderliche Kind hinführen. Er möge sich diese Frage bewahren.** (27f.)

Die Frage, die sich der Leser **bewahren** soll, wird vom Erzähler bezeichnenderweise nicht noch einmal aufgegriffen. Ähnlich wie die Figuren wird auch der Leser vereinnahmt, als **unser Leser, mit dem uns zwischenzeitlich ein Gefühl fremder Vertrautheit verbindet** (96). Abgesehen davon, dass das Oxymoron **fremde Vertrautheit** die literarische Kommunikation diffus macht, lenkt der funktional unklare Gebrauch der Pronomen **uns** und **unser** auf die Frage, wer es nun eigentlich ist, der hier erzählt, und wem erzählt wird. Dem Leser, der ihm zwar, wie der Erzähler gegen Ende des Romans einräumt, **ein guter Freund geworden ist** (202), wird seinerseits nur eine Funktion zugestanden: nämlich die, die in das Spiel mit wechselnden Masken des Erzählers passt. Die suggerierte Gemeinschaft erweist sich als Scheingemeinschaft. Der reale Leser dürfte sich mit der ihm zugewiesenen Rolle kaum identifizieren wollen, zumal das imaginierte Bild alles andere als das eines selbstständig denkenden, kritisch begleitenden Lesers ist.

Die Überstrapazierung der Erzählerfunktion ist eine (postmoderne)

Antwort auf die Frage der Möglichkeit des Erzählens in heutiger Zeit. Der Erzähler erweist sich jedoch trotz seines omnipotenten Impetus als **bröckelnde Identität**[131], die auch durch den Rückgriff auf einen entsprechend mitagierenden Leser die Fiktion einer ungebrochenen Erzählhaltung nicht mehr aufrecht erhalten kann. **Die Brüche seiner Haltung bedeuten die Brüche seiner Welt.**[132]

### *4.1.2 Das uneigentliche Erzählen: Analyse des Romananfangs*

Die gebrochene Fassade der Erzählerfigur hat Rückwirkungen auch auf das Erzählen. Die Annahme, dass ein Autor, der, wie Robert Schneider erzählt, **offenbar an die Fähigkeit der Menschen (glaubt), sich über ihre Erfahrungen und damit über ihre Anliegen zu verständigen**[133], hält einer genaueren Betrachtung so nicht stand. Indem wegen der auffallenden Präsenz der Erzählerinstanz die Frage der Moderne **Wer erzählt?** in postmodernem Gewand neu gestellt wird, wird auch die wiedergewonnene Selbstverständlichkeit des Erzählens verdächtig. In der Konstruktion einer unerhörten Begebenheit und der Rekonstruktion bereits erzählter Welten wird Erzählen als uneigentliche Handlung vorgeführt. Das erste Kapitel des Romans soll das belegen.

Im ersten Satz nimmt der Erzähler den Roman en miniature vorweg. **Das ist die Geschichte des Musikers Johannes Elias Alder, der zweiundzwanzigjährig sein Leben zu Tode brachte, nachdem er beschlossen hatte, nicht mehr zu schlafen.** Das einleitende **Das ist die Geschichte** macht, indem es den Inhalt eben dieser Geschichte in den Raum stellt, den Weg für das Erzählen selbst frei. Es steht damit im Gegensatz zum **Es war einmal** des Märchens, das den Rahmen für die erst zu erzählende Geschichte eröffnet. Während die Erzählformel des Märchens in die Vergangenheit des Erzählten führt, signalisiert Schneiders Formel die Gegenwart des Erzählens.

Dem Einleitungssatz entspricht am Ende des Kapitels die Ankündigung: **Die Welt dieses Menschen und den Lauf seines elenden Lebens wollen wir beschreiben.** Zwischen diesen beiden das Erzählen thematisierenden Sätzen lässt der Erzähler die Geschichte selbst in den Vordergrund treten, indem er einen Erklärungszusammenhang gibt: **Denn er war in unsägliche und darum unglückliche Liebe zu seiner Cousine Elsbeth entbrannt.** Durch geschickte Vorausdeutung stimuliert er das Leserinteresse neu: **bis daß er das Geheimnis der Unmöglichkeit seines Liebens zugrunde geforscht hätte.** Hellhörig machen sollte nicht nur die zwischen Trivialromantik, Bibelton und salopper Psychologisierung oszillierende Wortwahl, sondern auch der unverdächtig wirkende kausallogische Anschluss **denn** mit dem folgenden begründenden **darum.** Zusammen mit dem **Das ist** des ersten Satzes scheint der Erzähler durch diese Partikel dem Wirklichkeits- und Kausalitätsbedürfnis des Lesers Rechnung zu tragen. Der durch sie erstellte Begründungszusammenhang erweist sich jedoch bei näherer Betrachtung als äußerlich und fragwürdig. Das losgelöste **Denn** am Anfang eines neuen Absatzes hat mehr erzählerische Signalwirkung, als dass es die Logik des Erzählten betonte, und **darum** deutet nur scheinbar eine Erklärung an (Hat Glück etwas mit Erzählbarkeit zu tun?[134]). Statt der begründenden Funktion ist dem Erzähler wohl der rhythmische und klangliche Wert des zwischen zwei alliterierende Adjektive gestellten Wörtchens von Interesse. Von **Denn** und **darum** spannt er den Bogen weiter zum **so,** durch das er im letzten Absatz das vorher Gesagte zusammenfasst: **So dachte Johannes Elias Alder** [...], gleichzeitig aber wieder seine Autorität als Erzähler effektvoll signalisiert.

Gleichzeitig gibt der Erzähler im ersten Kapitel Einblick in Elias' Reflexionen und etabliert damit den zentralen Motiv- und Bildkomplex des Romans. Vom Titel *Schlafes Bruder* über die Kapitelüberschrift **Wer liebt, schläft nicht** wird der Leser schrittweise in die tieferen Zusammenhänge von Schlaf, Tod und Liebe geführt, die die Handlungsweise der Figur bestimmen werden. In auktorialer Manier bleibt der Erzähler in der Distanz und referiert in Form der indirekten Rede. Der systematische Einsatz des Konjunktivs läuft allerdings Gefahr, sich grammatisch zu verselbstständigen: **Nicht von ungefähr vergliche ein altes Wort Schlaf und Tod mit Brüdern**. Die Redesituation ist ohne konkreten Situationszusammenhang, sodass sie auch vom Erzähler zwischendurch neu etabliert werden muss: **dachte er.** Die Textstelle erhält so die Aura des Kunstvollen. Vorausgreifend übernimmt der Erzähler hier (was der Leser allerdings an dieser Stelle noch nicht wissen kann) den Ausschnitt eines Zwiegesprächs, das Elias mit Peter am wasserverschliffenen Stein führt, als er sich auf den Schlafentzug vorbereitet (192). Im späteren Erzählzusammenhang ist die Redesituation für den Leser klar durchschaubar, d. h., der Konjunktiv wird auch korrekter eingesetzt.[135] An dieser Stelle gewinnen die Sätze über ihre oben angedeutete semantische Funktion hinaus die Bedeutung eines Selbstzitats, das – überblickt man den Text als Ganzen – sich als wesentliches Element des Schneider'schen Erzählens herausstellt. Gegenstand des Erzählens ist, neben den Vorgängen, die vermittelt werden und die der gespannte Leser zunächst (oder überhaupt) ausschließlich wahrnimmt, das Erzählen selbst, allerdings nicht in der Form der grundsätzlichen Reflexion über die Möglichkeit bzw. Unmöglichkeit des Erzählens in einer Zeit, in der die epischen Gewissheiten verloren gegangen sind, sondern in Form eines repetitiven Spiels, das den eigenen Text zum Ausgangspunkt nimmt. Dadurch schafft der Erzähler eine Ebene der Intratextualität, die ihm erzählerische Möglichkeiten bietet, die von der Etablierung des Erzählgerüsts über die Verdichtung des Metaphernnetzes zum ironisch gebrochenen Selbstbezug reichen.

## 4.2 Die Sprache

### *4.2.1 Sprachkunst – Kunstsprache*

Dass die Masken, die sich der Erzähler anlegt, die Einheit des Romanganzen nicht sprengen, liegt vornehmlich an dem sprachlichen Potenzial, das er einsetzt. An seinem Erzählen **mag man ermessen, welch gewaltige Kraft das geschriebene Wort in jener Zeit noch besessen hat** (159): Was auf den Köhler Michel gemünzt nur ironisch zu verstehen ist, mag der SCHNEIDER'sche Erzähler für sich durchaus in Anspruch nehmen. Die Sprache, nicht das Thema ist die eigentliche Herausforderung des Romans, **die Zumutung, die Robert Schneider riskiert**[136]. Die unerhörte Begebenheit wird **auch unerhört vorgetragen**[137] und findet in einer **angespannten und wild raffenden Sprache**[138] ihre Entsprechung. Zu erkennen ist in allen Teilen das **Bemühen um einen ausgefallenen Duktus**[139], ein bewusster Gestaltungswille, der sich der Alltagssprache entgegenstellt.

Im Vordergrund steht der Versuch die Sprache dem historischen Gegenstand nahtlos anzupassen. SCHNEIDER gibt vor, nicht nur stofflich, sondern auch sprachlich der Bergwelt des 19. Jahrhunderts nach wie vor verhaftet zu sein. Mit großer Selbstverständlichkeit schöpft er aus dem sprachlichen Fundus einer verflossenen Zeit und eines entfernt gelegenen Ortes. Aus dieser zeitlichen und räumlichen Distanzhaltung erwächst die für den Roman charakteristische Sprachaura, die – auch wenn sie nicht systematisch durchgehalten ist – eine historische und regionale Atmosphäre entstehen lässt, die den Leseakt ständig begleitet. **Kaum ein Autor macht heute von der archaisierenden Stilisation so konsequent Gebrauch.**[140]

Auch auf anderer Ebene fügen sich Inhalt und Sprache in *SCHLAFES BRUDER* kunstvoll zusammen. Der Roman über ein musikalisches Genie gilt seinerseits als **virtuos-musikalisches Sprachkunstwerk**[141], als **rhythmisch austariert(e)** Prosa[142], die in ihrer Klangfülle und Musikalität den genialischen Improvisationen des SCHNEIDER'schen Helden wenig nachsteht. *SCHLAFES BRUDER* wird gelobt als **musikalisches Buch**[143], als **ein Stück geschriebener Musik**, in dem sich **Toccaten und Fugen [...] in eine Sprache von suggestiver Bildmacht**[144] verwandeln und man **lesend zu hören vermeint**[145].

So eng sich auf den ersten Blick die Sprache dem Thema anzuschmiegen scheint, so wenig mimetisch zeigt sie sich allerdings bei näherer Betrachtung. Die Leidenschaftlichkeit, mit der SCHNEIDER erzählt, entspringt **einem kühlen Kopf**[146]. Sein Versuch, einen sprachlichen Bildraum zu schaffen, basiert weniger auf sinnlichem Erleben als auf artistischer Konstruktion. Der kraftvolle Sprachduktus, für den er sich entscheidet, ist Ergebnis eines gezielten Kunstwollens, das er kaum zu kaschieren trachtet, sondern **wie auf einem Marktstand**[147] ausstellt. SCHNEIDER selbst betont den Kunstcharakter seiner Sprache. **Sie ist [...] eine willentlich gewählte Kunstsprache, die sich aus dem Luther-Deutsch, aus verschiedenen Dialektformen und aus den Kantaten-Texten von Bach zusammensetzt.**[148] Er verweist damit auf die Gleichzeitigkeit sehr unterschiedlicher sprachlicher Einflüsse, die sowohl authentischer als auch literarischer, d.h., sprachlich vorgeformter Natur sind. Stilmischung wird damit zum dominierenden Prinzip erklärt, der Stilbruch als Wesenselement des Stils anerkannt.

In diesem Zusammenhang stellt sich auch die Frage nach dem **ironischen Augenzwinkern**[149], mit dem erzählt wird. Indem der Autor sich keinerlei Stilkonvention verpflichtet fühlt, sondern das gleichberechtigte Nebeneinander des postmodernen Sprechens für sich reklamiert, ist Ironie mehr als ein gelegentlich zu vernehmender Unterton. Sie ist, auch wenn sie an der Sprachoberfläche des Textes nicht durchgängig in Erscheinung tritt, der Bezugsrahmen, innerhalb dessen der Roman gelesen werden kann. SCHNEIDER spricht von **diesem leisen ironischen Grundton, der in dem ganzen Buch da ist**[150].

#### *4.2.2 Schreibweisen*

Eine Systematisierung postmodernen Schreibens erweist sich als schwierig, da durch das freie Spiel mit der Pluralität möglicher Sprachbereiche die Spuren sprachlichen Handelns verwischt werden. Gleichwohl lassen sich eine Reihe von sprachlichen Erscheinungen und Prozessen identifizieren, die SCHNEIDERS **Jargon**[151] charakterisieren.

*Mischung:* Im Rahmen der Ausgangsthese, dass Kunstsprache per se Stilmischung impliziert, ist speziell auf das Nebeneinander von Archaismen und Modernismen und auf den Umgang mit den verschiedenen Dialektformen, von denen SCHNEIDER spricht, hinzuweisen.

Archaisch nimmt sich das Lexikon des Erzählers vor allem dort aus, wo er im Zuge einer Authentizität suggerierenden Chronistentätigkeit eine ehemalige dörfliche Welt aus **Bündten** (10 u.a.), **Gaden** (10 u.a.), **Widum** (24, 27), **Gob** (42 u.a.) und **Eidam** (138) entstehen lässt, in der man in veralteter Flexion **frug** (43 u.a.), **schwur** (41), **wog** (14 u.a.), **buk** (89) etc. Auch in seinen Erzählfloskeln passt sich der Erzähler diesem altertümlichen Duktus an. Die Dinge, von denen er berichtet, passieren **just** (16 u.a.), **hinkünftig** (39), **hinfort** (54), **übers Jahr** (92), **zuhauf** (88 u.a.) etc. Er erzählt, **auf daß** oder **bis daß** sich die Ereignisse fügen. Vieles scheint ihm **gar** sonderbar, **recht eigentlich** unbegreiflich, **dünkt** ihm wunderlich, **wiewohl** es **geraume Zeit währt**; **darob möchte** er sich dann **besinnen.** In diesen Versatzstücken alter Erzählmanier klingen als Untertöne die Sprache des Märchens und der Bibel an. Luthers Bibelübersetzung hat der Erzähler wohl auch im Ohr, wenn er, wie bereits programmatisch im Titel, das Genitivattribut voranstellt oder den finiten Verbalkomplex bzw. erweiterten Infinitiv elliptisch verkürzt:

> **Ein Lamparter, der das Zweite Feuer erlebt, sich dunkel des Ersten besinnen mochte, ging noch in derselben Nacht von Hof zu Hof, einem jeden, wenn nötig mit Gewalt, das Licht zu verbieten.** (11)

Obgleich der historisierende Ton im ganzen Roman dominiert, ist er nicht ungebrochen. **Schneider provoziert: Er scheut sich nicht, Altertümelndes und Modernes in einem Atemzug zu nennen**[152], schreibt Moritz, und Schmidt weist darauf hin, dass es SCHNEIDER nicht gelingt, **die holzschnittartige Sprache der Bergler durchzuhalten,** da er als moderner Autor mit dem Bewusstsein des 20. Jahrhunderts ausgestattet ist, das immer wieder in sein Erzählen miteinfließt.[153] Mit medizinisch und psychologisch geschultem Blick beschreibt SCHNEIDER die Eschberger als **mongoloid** (51 u.a.), **instinktlos** (79), **masochistisch** (160), ihr Verhalten als **orgiastisch** (101). Er spricht von **Hysterie** (101) und **Faszination** (44, 96). Elias **pubertiert** (39) und **steht unter Schock** (86). Seine Stimme **mutiert** (39), sein Gehör **verpotenziert sich** (37). **Zu groß ist die Versuchung, die schockierenden Begebenheiten durch Interpretation noch einmal zu akzentuieren, ins rechte Licht zu rücken,** interpretiert Schmidt den sprachlichen Schwenk ins Vokabular des 20. Jahrhunderts.[154]

Was die Verwendung von dialektalen Sprachformen betrifft, so herrscht auch hier das Prinzip der Mischung. Neben den ausgesprochen archaisch wirkenden Begriffen aus dem dörflichen Bereich findet man im Erzählerbericht wie in der Figurenrede eine breite Palette von Ausdrücken mit Dialektanklang, die von bäuerlicher Fachsprache bis zum Kraftausdruck reichen. Sie wollen auf das Bodenständige, tief im Vorarlbergischen Verwurzelte verweisen und verstehen sich als Ausdruck einer urigen Rückständigkeit. Der Bauer sitzt auf dem **Misthorner** (23); die Kuh liegt auf der **Klatter** (42); dem Kalb wird die **Schorre** (91, 93) in den Melkkübel gezwungen; der **Speuz** (23, 45) fließt aus den Mundwinkeln, das Hirn quillt aus dem **Grind** (75, 76). Die Eschberger **gellen** (15 u.a.), **glaren** (55 u.a.), **schremmen** (33 u.a.), **kleuben** (73, 128), **spirzen** (89) oder **schranzen weg** (23). Sie sind **sekkant** (16), **marod** (17 u.a.), **hinterfotzig** (42), vor allem aber **gottverreckt** (15 u.a.).

Dialektale Genauigkeit ist bei diesem alemannisch geprägten Wortschatz nicht der Anspruch des Autors. SCHNEIDER spricht nebulös von **Dialektmischungen aus der Gegend, wo ich herkomme**[155]. Moritz berichtet von Anrufen mundartlich interessierter Leser im Verlag, die die Richtigkeit bestimmter grammatikalischer und lexikalischer Dialektformen in Frage stellen.[156] Indem SCHNEIDER die Wörter ihrem ursprünglichen Kontext entreißt, sie neu erfindet und geschickt homogenisiert, nutzt er ihre suggestive Wirkung. In ihrer fiktiven Altertümlichkeit und Regionalität beschwören diese Wörter eine alte, ferne Zeit, die es bloß so nicht gegeben hat. Die Kunst der Mischung ersetzt die Stimmigkeit.

*Erfindung:* Wie SCHNEIDER bei Archaismen und Dialektalismen erfundenes Wortmaterial mit authentischem verquickt, gefällt er sich auch sonst als unbekümmerter Wortschöpfer. Sein sprachlicher Erfindungsreichtum umfasst die witzige Neubildung ebenso wie die platte Verdrehung. Die auffälligsten Wortkreationen entstehen durch Verbalisierung von Substantiven. Die Eschberger **nasen** (11), **trichtern** (33), **schuhen** (34), **hornen** (41), **zäunen** (59), **metzen** (63), **fausten** (73), **lauben** (91) oder **zornen** (92). Pretiös wirken diese Formen dadurch, dass sie einerseits die Regeln der Wortbildung außer Kraft setzen, andererseits semantisch im Bereich des Alltäglich-Konkreten verbleiben. Indem die formale Innovationsleistung nicht der sprachlichen Differenzierung dient, verkümmert sie nach ersten Überraschungseffekten zur eher formalen Wortspielerei.

Semantisch interessanter sind die ungewöhnlichen Adjektivkomposita, die SCHNEIDER in großer Zahl erfindet oder ableitet: **musiknotständig** (13), **wortfeuerig** (20), **feuersgeil** (23), **todesschwül** (23), **wasserverschliffen** (32), **nebelverfroren** (33), **wildkurvig** (58), **einstelzig** (61), **werktagsscheu** (62), **weihraucherstickt** (74), **föhngeknickt** (77), **baumstrünkig** (80), **blutstürzend** (83), **tiefgurrend** (87), **dickstrichig** (90), **rohtappig** (95), **blechtönig** (112), **baumstürzend** (203) u.a. Sie bestätigen seine Vorliebe für das benennende Adjektiv und spiegeln gleichzeitig seinen Hang zum expressionistisch anmutenden Sprachgestus. Die sinnlich fassbare Bildlichkeit seiner Sprache, ihre **Körperlichkeit**[157] offenbart sich hier sehr deutlich. Auf engstem sprachlichen Raum gelingen Charakterisierungen von hoher Plastizität: **feuersgeile Augen** (13), **todesschwüle Bauernschar** (23). Die Gefahr des Manierismus liegt dann nahe, wenn keine semantische Präzisierung beabsichtigt, sondern wiederum nur formal abgeleitet wird: **baumstrünkiger Horizont** (80), **blutstürzender Kiefer** (83).

Auf einer Gratwanderung zwischen alt und neu bewegt sich SCHNEIDER, wenn er gängige Wörter in einen ungewöhnlichen Kontext setzt oder die Wortbildung erneuert. So wirken die Verben **spitzen** und **fingern** dadurch überraschend, dass es die schweren, sperrigen Lederschuhe sind, die Elias in den gefrorenen Schnee **spitzt** (34), oder die Orgel, auf der er in genialischer Weise **fingert** (65). In ähnlicher Weise horcht man auf, wenn das Glied ihm **stämmig** (35) wird oder der Hosenlatz **starrt** (102). Elias steht wie **angewurzt** (49), der Föhn **verwirbelt** (71) das Gewölk, das Dorf ist **engbestirnt** (61), die Augen sind **blutversprengt** (82), die Menschen **verlumpt** (92)[158]. Dadurch, dass hinter diesen Neubildungen die gebräuchlichen Formen mitklingen, entsteht der Eindruck des Mehrdeutigen, Schillernden, trotz der scheinbaren Griffigkeit dieser Wörter.

*Differenzierung:* Im zentralen thematischen Bereich des Romans kommt es SCHNEIDER weniger auf archaische Stilisierung oder sprachliche Überraschungseffekte als vielmehr auf hohe Beschreibungsgenauigkeit an: Es sind dies der Bereich der Musik und speziell das Wahrnehmungsfeld des Hörens. Hier äußert sich im Sprachlichen ganz offensichtlich der persönliche Interessen- und Erfahrungsbereich des Autors. Mit großer Selbstverständlichkeit verfügt der Erzähler über musikwissenschaftliches Fachvokabular. Zur Orgel gehören **Gedackt** (69), **Prinzipal** (69), **Kanzellen** (97), **Zugrute** (97), **Konterventile** (97), **Windlade** (97) und **Salicional** (172) etc. Orgelspielen umfasst **Extemporieren, Präludieren** und **Postludieren.** Beim Komponieren geht es um **das Gesetz der Imitation** (70) und **polyphone Musik** (96). Bei seinem ersten Auftritt spielt Elias eine **Toccata,** die in einem **Fugato** endet, bevor er zum **Choral** ansetzt; er komponiert ein **Adagio** und endet in einem **Postludium** (114 f.). ›**Fortissimo**‹, ›**Pedalbaßlinie**‹, ›**Harmonisierung**‹, ›**Dissonanz**‹, ›**figurales Kopfmotiv**‹, ›**Septakkord**‹, ›**Dominante**‹, ›**kontrapunktisch**‹, ›**Zäsur**‹ (173 ff.): Mit diesem Vokabular begleitet der Erzähler fachkundig die letzte lange Improvisation. In keinem anderen Zusammenhang wird deutlicher als hier, in welchem Maße er das Sprachniveau seiner Figur überschreitet.

Eine wahre sprachliche Differenzierungsorgie jenseits aller Fachsprachlichkeit vollführt der Erzähler, wenn er dem Leser das Reich der Klänge aufschließt, in das Elias durch die Verfeinerung seines Gehörs gelangt: **Geräusche, Laute, Klänge und Töne** (36) tun sich dem Kind auf, die es bis dahin so noch nie gehört hat: **Klangwetter, Klangstürme, Klangmeere und Klangwüsten** (36). Auf knapp drei Seiten findet man insgesamt 75 verschiedene Ausdrücke für die unterschiedlichsten Geräusche. Verstärkt durch die durchgehende Substantivierung und die onomatopoetische Kraft dieser Wörter entsteht ein rauschendes Szenarium, das sich in zunehmendem Maße verabsolutiert und eine Ebene des reinen Klangs jenseits aller Worte erreicht. **Was sind Worte!** (38), bricht denn auch der Erzähler erschöpft seinen sprachlichen Fortissimo-Lauf ab.

*Steigerung:* Zur besonderen Geltung gelangt diese sprachliche Variationslust noch dadurch, dass SCHNEIDER verstärkend die Register klassischer Rhetorik zum Einsatz bringt. Durch Reihung, Doppelung, Klimax, Alliteration, Assonanz ordnet er den riesigen Vokabelschatz zu Mustern, die die Klangwirkung dieser Passagen wirkungsvoll unterstreichen. Durch das synästhetische Verschmelzen der Wahrnehmungen werden sie noch einmal überhöht. **Elias hörte nicht bloß, er sah das Tönen. Sah, wie sich die Luft unaufhörlich verdichtete und wieder dehnte. Sah in die Täler der**

**Klänge und sah in ihre gigantischen Gebirge.** (36) Diese Synästhesie wird allerdings nicht sprachlich entfaltet, sondern nur behauptet und bedarf daher der Bestätigung durch Wiederholung und antithetische Hervorhebung.

Sparsam geht der Autor mit rhetorischen Mitteln nicht um. Er hat ein Faible für Wiederholungen, die er in vielfältigen Variationen und mit unterschiedlichen Wirkungen einsetzt und die von der bewussten literarischen Strukturierung: **Die Seffin gellte vor Schmerzen** (16 ff.) oder **Elias saß schweigend auf dem Bock** (138 ff.) bis zu naivem Nachdruckverleihen im Stil des mündlichen Erzählens reichen: **Weiber mit kohlenschwarzer Haut, kohlenschwarzem Gesicht, kohlenschwarzen Gliedern und kohlenschwarzen Zähnen** (21). Sehr häufig bemüht er die Kombination von Wiederholung mit nachgetragener Präzisierung, eine wiederum mündliches Erzählen suggerierende Form der Klimax: **Gott, wie es schien, war noch nicht fertig mit ihm. Gott war noch lange nicht fertig mit ihm.** (39) Oder: **Er jubilierte. Jubilierte an Leib und Seele.** (52)

In entsprechender Weise liebt SCHNEIDER Zwillingsformeln und rhetorische Dreierfiguren: **erbettelnd und erschreiend** (14), **verdreckte und verlauste** (45), **brüllend, höhnend und weinend** (11), **an dieser großen, runden, schönen Welt** (104). Häufig treibt ihn der Fluss des Erzählens zu auffälliger Akkumulation: **Fast das ganze Dorf war versammelt, hatte glänzende Nasen, rotgescheuerte Hälse, frisch gestärkte Krägen, luftig raschelnde Röcke und hoffärtig gezopftes Haar.** (73) Oder: **Aber die Nächte, wo es in der Schankstube so vielfach atmet, räuspert, murmelt, hustet, pfeift und schnarcht, die Nächte gehören Elsbeth** [...]. (91)

Insgesamt fällt auf: In *SCHLAFES BRUDER* erscheint ein Stilmittel selten allein; ein Separieren der Mittel ist nicht beabsichtigt; ein Zuviel an Rhetorik wird bewusst in Kauf genommen. Doppelungen kommen kaum ohne Alliteration aus, die an sich schon klischeehaft aufgeplusterte Dreierformel von **dieser großen, runden, schönen Welt** (104) wird gleich noch einmal wiederholt und damit vollends persifliert. Sprachliche Grenzüberschreitung erlaubt sich SCHNEIDER nicht nur dadurch, dass er heterogene Sprachwelten vermengt und Stilbrüche riskiert, sondern auch dadurch, dass er rhetorische Effekte mischt, die sich wechselseitig **verpotenzieren.**

Charakteristisch ist in diesem Zusammenhang auch SCHNEIDERS Vorliebe für den Superlativ. Die an Adjektiven ohnehin überreiche Sprache findet in der absoluten Steigerungsform ihre punktuellen sprachlichen Höhepunkte: Elias ist der **genialste Musiker** (159), der **grandioseste Organist** (161), der die **anrührendste Musik** (177) spielt, die den Menschen **bis auf das Innerste** (178) zu erschüttern vermag, und der noch das **stärkste Fortissimo** (180) bis zur **äußersten Unmöglichkeit** (181) zu steigern in der

Lage ist. Um die Fiktion der Einzigartigkeit aufrechtzuerhalten, bedarf es dieser permanenten Überzeichnung.

*Verkleinerung:* Die superlativische Geste ist als Merkmal des Trivialen zu interpretieren und damit Pendant zu einer anderen sprachlichen Tendenz, die zunächst scheinbar ins Gegenteil weist: dem Hang zum Diminutiv. Verkleinerungsformen scheinen die Gegenstände fast beliebig zu treffen, ob sie naturgemäß zur Verniedlichung geeignet sind, wie das **Gesichtchen** und **Knollennäschen** (100) der kleinen Elsbeth, oder sich aufgrund ihrer Größe und Grobschlächtigkeit dagegen sperren, wie das **Erdäpfeläckerchen** (59) der habgierigen Haintzin oder das **Fäustchen** (52), mit dem Elias gegen die Gadentür hämmert. Häufig treten Diminutivformen im Beschreibungszusammenhang von Gewalt auf: Die zum Plündern aufgeforderten Eschberger dringen in **Häuschen, Höfchen** (88) und **Ställchen** (89) des Meistenteils ein, den sie zuvor mit beispielloser Grausamkeit gelyncht haben. Können diese Formen hier noch als makabrer Ausdruck einer **schönbösen Märchenwelt**[139] interpretiert werden (ent)gleiten sie an anderer Stelle, v. a. in Verbindung mit Superlativen, in kaum überbietbare Sentimentalität, in die Sprache unzeitgemäßer Gartenlauben-Trivialität: [...] **und ihr Traum als junges Mädchen war es gewesen, die Kleinen dereinst mit glanzigsten Näschen und saubersten Kräglein dem Kirchenvolk zu präsentieren.** (45) Sogar vor der Gefahr der Lächerlichkeit scheut SCHNEIDER nicht zurück: **Elias durfte sich den ganzen Nachmittag nicht ein Rückchen von der Stelle rühren.** (45)

Die Tendenz zur Verharmlosung und Verklärung findet sich auch in dem häufig angeschlagenen Märchenton, der Naivität angesichts des Unbegreiflichen simuliert:

> **Da ereignete sich etwas Sonderbares: Er war gerade damit befaßt, die Kopfstimme in die obersten Register zu treiben, als ein Fuchsenjunges aus dem Unterholz schlüpfte, ihm respektlos ins Gesicht blinzelte, die Schnauze in die Luft hob, einen Satz machte und just vor seinen Füßen zu stehen kam. Elias erschrak heftig und mit ihm das Füchslein, und er sah den rostbraunen Schweif im Hag verschwinden.** (55)

Von hier ist es nur ein kleiner Schritt zu dem Kindermärchen von einem Elias, der Zwiesprache hält **mit Resi der Hirschkuh, Wunibald dem Dachs, Lips dem Rotfüchschen, Sebald dem Iltis und dem einstelzigen Dompfaff** (61). Ganz unironisch lässt SCHNEIDER diese Märchentiere aufmarschieren, zitiert sie sogar ein zweites Mal (80).

Die durch den lieblichen Märchenton erzeugte Verzauberung wird jedoch jedes Mal schnell in nüchterne Realistik zurückgeführt. **Elias hatte – wir finden keine andere Erklärung – die Hörfrequenz der Tiere getroffen** [...] (56), heißt es nach der sonderbaren Begegnung mit dem Füchslein. Die (zweite) Parade der Märchentiere ist eingebettet in die drastische Schilderung der Vernichtung, die das Erste Feuer gerade auch unter den Tieren anrichtet.

> Nein, auch die hilflose Kreatur mußte man ersticken, verbrennen und zu Tode stürzen sehen. Weil alles Rotwild auf die Gräte zutrieb, gab es schließlich kein Entrinnen mehr. Ein volles Rudel sprang instinktlos in die Schlucht. Das Kleingetier fauchte und pfiff mit brennendem Pelz, mit verschmorten Häuten im Kreis. Vögel schnellten mit versengten Flügeln in die Brände, denn die Hitze stieg bis hinauf zum Himmel, und die windgepeitschte Lohe sprühte höher denn eine Meile. (79 f.)

Der Sprung zwischen den Stillagen könnte kaum größer sein. Er macht einmal mehr deutlich, wie sehr die Lust am Formulieren bei SCHNEIDER erzählerischem Kalkül entspricht, das den Stilbruch zum Stilprinzip erhebt und dem Erzähler die Freiheit grenzenloser Verquickung einräumt.

### *4.2.3 Zwischen Wortmächtigkeit und Sprachskepsis*

Die üppige und überbordende Sprache ist Ausdruck einer genuinen Wortmächtigkeit des Erzählers, die in einer **Art Saugglocken-Stil**[160] den Leser in seinen Bann zieht. Das Aufgebot exakter Begriffe für Gegenstände, Vorgänge und Empfindungen, die Fülle genau benennender und schonungslos bewertender Adjektive, das Inventar konkreter Verben scheinen Zweifel an der Authentizität der erfundenen Geschichte nicht aufkommen zu lassen. Dort, wo der Erzähler vielleicht selbst solche Zweifel hegt, erstickt er sie mit sprachlicher Entschiedenheit sofort im Keim: **das ist wahr** (57, 71 u. a.). Ein Arsenal sprachlicher Konnektoren verhilft ihm darüber hinaus, der Logik des Erzählten Halt zu geben. Vor allem das satzeinleitende **so**, speziell in Floskeln wie **so kam es dahin, daß** (22) gehört zu den sprachlichen Formeln, die die Wahrheit des Erzählten beglaubigen helfen. Bestätigende Funktion hat auch das vielfach verwendete **ja.** Es spiegelt darüber hinaus die Suche des Erzählers nach dem wirklich treffenden Ausdruck: **kraftvoll, ja wütend** (33) oder: **Jäh traten die Augäpfel aus ihren Höhlen, ja stülpten sich über die Lider** (35). In all diesen Fällen möchte er glaubhaft machen, dass Sprache das leistet, was ein Geschichtenerzähler und -leser von ihr erwartet: dass sie die Dinge eindeutig benennen kann, ob sie nun der Realität oder der Fiktion entstammen.

Trotz seiner Wortverliebtheit ist aber auch an diesem Erzähler die Sprachkrise nicht ganz vorbeigegangen. Die Indizien seiner Sprachskepsis liegen allerdings nicht nur dort, wo er den ›Unsagbarkeitstopos‹ ironisch zur Schau stellt, wenn er einräumt, dass das, was er erzählt, **unglaublich** (38), **unerklärlich** (39) und damit **unsagbar** (76) ist und mit dem theatralischen Ausruf **Was sind Worte!** (38) seinen Beschreibungsfuror abbricht (um doch sogleich weiter **zu berichten**).[161] Sie erscheinen vor allem auch dort, wo der Erzähler der Sprache als reinem Referenzinstrument misstraut, indem er in semantische Uneindeutigkeit ausweicht. Er greift häufig auf das Verb **scheinen** zurück oder auf irreale Vergleichsfloskeln wie **als ob** [...], **wie wenn** [...], die den Konjunktiv bedingen und die Wahrheit des Gesagten in der Schwebe halten. Er verlässt sich auf das schillernde Modalverb **mögen,** das sich von der Bedeutung her kaum fassen lässt, oder generalisierende Einschübe wie **überhaupt** und **jedenfalls,** die ihn von der Forderung nach Beschreibungsgenauigkeit entbinden. Hier wird deutlich, dass für den Autor Wörter nicht nur dann interessant sind, wenn sie die Welt direkt benennen, sondern v. a. auch dann, wenn sie ihr eigenes Erzählen miterzählen. Die Geschichte **wird** in diesem Sinne nicht Sprache, sondern sie **bleibt** Sprache.[162] Indem die Sprache vom Gegenstand weg auf sich selbst zurück verweist, signalisiert sie unterschwellig Beschreibungsunmöglichkeit trotz äußerer Wortmächtigkeit.

## 4.3 Die Textstruktur

### *4.3.1 Die Komposition des Romans*

Im Wesentlichen chronologisch erzählt, ist der Roman in seiner Struktur leicht überschaubar. **In einem sehr schlichten, unspektakulären Sinn funktioniert *Schlaffes Bruder* wie am Schnürchen** [...][163]. Der Leser, der am Geschick des Helden Anteil nehmen soll, braucht die Kontinuität der Geschichte, die ihm die Fortsetzung des Erzählens und Spannungssteigerung garantieren. Innerhalb dieser grundsätzlichen Übereinkunft nimmt der Autor seine Kompositionsfreiheit aber durchaus wahr.

Die Lebensgeschichte des Johannes Elias Alder, die der Erzähler nach dem Schema des Entwicklungsromans von der Geburt bis zum Tod erzählt, ist in einen doppelten Rahmen[164] gesetzt, der das Einzelschicksal in die Dorfgeschichte einbettet und eine Ausweitung und Umkehrung des chronologischen Gefüges bedingt. Einen äußeren Rahmen konstituierend, sind das erste und letzte Kapitel des Romans durch das Thema wie die Erzählhaltung spiegelbildlich aufeinander bezogen. **Wer liebt, schläft nicht** und **Frau Mutter, was meint Liebe?** machen die Frage nach der Liebe zum Grundthema des Romans, indem sie das Geschehen aus der Distanz und den Perspektiven des die Niederschrift beginnenden Erzählers und einer sich zurückerinnernden Figur einkreisen. Was im ersten Kapitel als die Fiktion eines real gelebten Lebens angekündigt und in der Quintessenz bereits preisgegeben wird, wird aus der Rückschau, neun Jahre nach dem Tod des Helden, noch einmal als **Märchen** erzählt. Der innere Rahmen, den das zweite und vorletzte Kapitel bilden, ist zeitlich und thematisch die Fortsetzung des letzten Kapitels, wobei wiederum die Chronologie umgekehrt wird. Das vorletzte Kapitel »Die Auslöschung« verfolgt die Dorfgeschichte nach dem Tod des Elias bis zum Dritten Feuer, das im Jahr 1892 den Ort bis auf einen Bewohner dezimiert, der eben jener ist, der als Kind seiner Mutter die Frage nach der Liebe stellte. Das Ende seines Lebens und die endgültige Auslöschung des Dorfes im Jahr 1912 schildert der Erzähler in »Das letzte Kapitel«, das an zweiter Stelle im Roman steht. Bevor er im vierten Kapitel »Die Geburt«, zu dem ihn interessierenden Einzelschicksal kommt, ordnet er im dritten Kapitel, »Die Ungeborenen«, seinen Helden in eine Reihe großer, unbekannter Künstler ein und stilisiert damit dessen Biografie zum exemplarischen Fall. Nach dem dreifachen Vorspann, durch den der Erzähler das Thema seines Romans weit ausholend präludiert und Handlungsspannung abbaut, kann er sich in den 14 folgenden Kapiteln jenseits der **novellesken Teleologie des Geschehens** ganz auf die **›graziöse‹ Demiurgie der Erzählung**[165] konzentrieren.

Diese Freiheit nützt er, indem er die Linearität seines Erzählens immer wieder aufbricht, um von der zentralen Lebensgeschichte in parallele Biografien abzuschweifen. Die Geburt des Helden ist noch nicht zu Ende erzählt, als der Erzähler dem Sinnieren der Hebamme über ihre Zukunftsperspektiven breiten Raum gibt und ihre Spur bis in eine Zeit verfolgt, die weit über den Tod der Hauptfigur hinausreicht. In der Zeitspanne zwischen Geburt und Taufe hat der Erzähler einen auffällig langen Atem für die Geschichte einer anderen Figur, die wie die Hebamme den Schauplatz des Geschehens bald verlassen wird, sodass er sich sogar um die Gefolgschaft des geduldigen Lesers besorgt fühlt, der sich fragen muss, **weshalb wir uns so ausführlich über den hitzigen Kuraten verbreiten und nicht endlich die Erzählung auf jenes sonderliche Kind hinführen** (27 f.). Immer wieder verliert der Erzähler den Handlungsfaden aus den Augen um sich dem Erzählen selbst zu überlassen. Wie seinem Helden mitunter **die Empfindung der Zeit abhanden ging** (35), geht ihm im Sog des Fabulierens die Empfindung für Erzählzeit und erzählte Zeit verloren. Das zeigt sich am deutlichsten bei der Episode des Köhler Michel, die den Bericht über die wichtigsten Ereignisse des Sommers 1825 unterbricht und sich innerhalb des Romans bis zu einem gewissen Grad verselbstständigt. Das Interesse an dieser dazwischengeschobenen Lebensgeschichte liegt – so kann man vermuten – an einer Wahlverwandtschaft, die den Erzähler mit dieser Figur verbindet und die in der Bedeutung, die beide der Kraft des geschriebenen Wortes beimessen, begründet ist. Bei einer anderen Nebenfigur, der des Meistenteils, deutet der Erzähler an, dass dessen Geschichte für sich genommen durchaus ihre Existenzberechtigung hat, den Rahmen des Romans jedoch sprengen würde: **Es führte zu weit, all die empörenden Episoden aus dem Leben des Meistenteils aufzuzählen, geschähe es nicht in einem ihm eigens gewidmeten Büchlein.** (82) Es existiert eine längere Vorstudie zu dieser Figur (abgedruckt in der Sonderausgabe), die zeigt, dass Entstehung und Komposition des Romans weniger an die *eine* Geschichte gekoppelt sind, als es die Betonung der Zielgerichtetheit des Erzählens (vor allem in den ersten drei Kapiteln des Vorspanns) dem Leser suggerieren will.

Die zahlreichen Digressionen im Roman machen es für den Erzähler immer wieder notwendig, den Leser in die Chronologie des Geschehens zurückzuführen und den narrativen Anschluss wiederherzustellen. **Das alles geschah drei Jahre vor der Geburt des Johannes Elias.** (27) Deutlich ist der Erzähler bemüht, dem Leser nicht nur das relative, sondern auch das absolute Zeitgerüst sichtbar zu machen. **Am Tag des 24. Dezember 1815 scheint der Föhnsturm abzuklingen.** (71 f.) Neben den konkreten Daten greift er häufig auf Zeitangaben zurück, die sich auf Jahreszeiten, Fest-und Sonntage des Kirchenjahres sowie Tagesabschnitte zur chronologischen Einordnung beziehen. Zusammen mit den historischen Daten und Jahreszahlen tragen gerade auch diese Hinweise dazu bei, dass der Leser/die Leserin von einem klar strukturierten Zeitrahmen ausgehen kann, innerhalb dessen das Erzählte für ihn/sie glaubhaft wird. Bei näherer Textbetrachtung zeigt sich allerdings, dass die Zeiträume zwischen den chronologischen Fixpunkten häufig so gefüllt sind, dass sich die Spuren einer vermeintlich geradlinigen und zwangsläufigen Lebensentwicklung zugunsten freier Periodisierung verwischen.

Kapitel 6, »Das Wunder seines Hörens«, das den ersten dramatischen Höhepunkt des Romans bildet und auf einen Dezembernachmittag des Jahres 1807 datiert ist, an dem Elias zum wasserverschliffenen Stein aufbricht, beginnt mit der Schilderung einer Reihe von kleineren Ereignissen, die vor jenem Nachmittag stattgefunden haben, aber im gleichen Tempus (Präteritum) erzählt werden. Da gleichzeitig die Tageszeiten quasi chronologisch voranschreiten, von Nachmittag zu Nacht und Morgen, hat man als Leser zunächst den Eindruck, in einem gleichmäßig fortschreitenden Erzählkontinuum zu sein, solange, bis der Erzähler wieder auf den besagten Nachmittag zurückkommt (30 u.). Er fährt jedoch auch dann in seinem Bericht nicht kontinuierlich fort, sondern schwenkt noch einmal in eine in zeitlicher Unbestimmtheit liegende Vergangenheit zurück, die er aber wiederum (bis auf zwei Plusquamperfektformen) in dem ihm geläufigen Präteritum erzählt und mit relativen Zeitangaben (›**Einige Tage nach jenem Unwetter**‹, ›**damals**‹, ›**dann**‹, ›**daraufhin**‹) strukturiert. Weder das Tempussystem noch diese Angaben reichen aus, die tatsächliche Abfolge der Ereignisse zu erfassen. Der Erzähler braucht zusätzlich die Semantik der Wörter, die an der Oberfläche des Textes Kohärenz herstellen und damit die Chronologie absichern: der Nachmittag, an dem Elias zum wasserverschliffenen

Stein aufbricht, ist der Nachmittag, an dem sich **Mond und Sonne gegenüberlagen** (30 und 31 f.) und an dem der Stein Elias **rief** und dieser **hinunter mußte** (32 und 33). So unauffällig dieses Verfahren in einer von sprachlichen Auffälligkeiten durchsetzten Erzählweise einerseits auch sein mag, so symptomatisch ist es andererseits für SCHNEIDERS Art der Textkomposition. Er verwendet grammatische Formen (Tempus) und funktionale Wortgruppen (Zeitadverbien) in traditioneller Erzählmanier, ohne jedoch ihre strukturierende Funktion voll zu nutzen. Stattdessen organisiert er durch die Wiederaufnahme von Wörtern den Text semantisch an der Textoberfläche. Dies erlaubt dem Leser rasches, konsumierendes Lesen.[166]

### *4.3.2 Musikalische Strukturen im Roman*

An einen Roman, der das Thema der Musik in den Mittelpunkt stellt, wird die Erwartung herangetragen, dass er als sprachliches Kunstwerk auch musikalischen Kompositionsprinzipien gehorcht. Für die Rezensenten von *SCHLAFES BRUDER* ist dies ein Lieblingsgedanke. Man liest von der **Disziplin, mit der der Musikerroman musikalisch aufgebaut ist**[167]; davon, dass die **Komposition des Romans mit Wiederholungen, Brüchen und Umkehrungen [...] von dem musikalischen Können des Autors zeugt**[168] und immer wieder auch davon, dass der Roman nach den Gesetzen einer Bach'schen Fuge gebaut sei[169].

SCHNEIDER, der stets die Musikalität seines Romans betont (**Ich schreibe musikalisch**[170]), geht mit strukturellen Vergleichen vorsichtig um. Auf die Frage nach der Fugenstruktur seines Romans gibt er eine eindeutig negative Antwort.

> **Aber daß dem ganzen Roman eine strenge musikalische Form zugrundeläge, eine Fuge oder so etwas, ist nicht der Fall. Das geht ja auch nicht. Ich habe mir mal die ›Todesfuge‹ von Celan angesehen; eine Fuge literarisch auszuführen, ist unmöglich. Da müßte man drei oder vier Sprecher simultan sprechen lassen.**[171]

Was er dem Roman an musikalischer Analogie zugesteht, ist die aus der Spätromantik kommende freie Form der Rhapsodie, wobei er betont, dass diese mit einer streng linearen Form des Denkens verknüpft sei, der des Kontrapunkts. Mit der Zurückweisung der Fugenstruktur macht er auf die grundsätzliche Schwierigkeit der Übertragung musikalischer Strukturen auf ein literarisches Werk aufmerksam: Während Musik aus der Simultaneität der Elemente lebt, ist Sprache an Linearität gebunden. Die Fünfstimmigkeit einer Fuge ist sprachlich nicht unmittelbar abbildbar.[172] Aus diesem Grunde ist es auch fragwürdig, musiktheoretische Begriffe aus dem Umfeld der Fuge auf die Struktur des Romans zu übertragen. Die Gleichsetzung von musikalischer und literarischer Kontrapunktik, die SCHNEI-

DER suggeriert: **Es gibt in diesem Text – das läßt sich sehr gut ablesen – gewisse Elemente, die sich spiegeln**[173], ist nur vordergründig geeignet, den Roman mit seinen motivlichen und sprachlichen Wiederaufnahmen und Spiegelungen zu beschreiben. In ähnlicher Weise eignet sich auch der Begriff der Imitation, den der Autor benützt, als er Elias' erste Kompositionsversuche darstellt: **Elias komponierte zweistimmige Miniaturen.** [...] **Elias hatte, um es akademisch zu sagen, das Gesetz der Imitation entdeckt.**(70), höchstens in metaphorischem Sinn dazu, die *musikalische* Gliederung des Romans zu erfassen. Zeyringer sieht im Bild der zwei hin- und hergaukelnden Zitronenfalter, das Elias vor Augen hat, als er **der alten Melodie eine neue Melodie hinzuzufügen** (69) beginnt, die metaphorische Verdichtung des literarischen Konzepts des Romans.[174]

Unproblematischer ist die Übertragung einzelner musikalischer Parameter auf bestimmte narrative Aspekte. Die Spannungsbögen von Kapitel 6, »Das Wunder seines Hörens«, und Kapitel 16, »Das Orgelfest«, lassen sich als Crescendo beschreiben: **Das ›Hörwunder‹ ist ja im Grunde nichts anderes, als im Pianissimo zu beginnen, im Fortissimo zu enden und wieder im Pianissimo anzusetzen,** sagt SCHNEIDER.[175] Offen gelassen wird, wo ein literarisches Crescendo in Analogie zu einem musikalischen Crescendo gestaltet werden kann. Das Hörwunder-Kapitel zeigt, dass das Anschwellen des Klanges im Wesentlichen auf den Einsatz traditioneller Mittel der ars rhetorica zurückzuführen ist, deren phonetische und syntaktische Muster die klanglichen und rhythmischen Qualitäten der Sprache zum Tragen bringen. Der Eindruck, dass man SCHNEIDERS Prosa wie Musik hören könne, entsteht vor allem auch in den Musikbeschreibungen. Hier ist es in erster Linie die Syntax, die den musikalischen Charakter dieser Textpassagen hervorruft.

> **Elias atmete die unerhört spannungsgeladene Zäsur, griff siebenstimmig in die Tasten, spielte den Choral bis zum 3. Takt, riß ab, atmete, harmonisierte in unaufgelösten Dissonanzen bis zum 4. Takt, riß ab, atmete, verband das figurale Kopfmotiv mit der Harmonisierung des Chorals, riß ab, atmete, riß ab, atmete, und das alles über die Dauer von mehr als fünf Minuten.** (174)

Oder etwas später:

> **Aber aus dem breiten, dunklen Chaos regten sich allmählich versöhnlichere Stimmen. Den Melodien folgten andere Melodien, duftig und weich wie das im Frühlingswind wogende Gras. Und diesen Melodien folgten wiederum neue Melodien. Es waren Elsbeths Melodien. Und Elsbeths Melodien folgte die Melodie des Chorals. Der Choral aber war der Tod. So entstand ein Reigen, ein ephemeres Auf und Nieder immer neuer musikalischer Gedanken. Die Musik wechselte in einen ungeraden Takt, fiel zurück und wechselte abermals. An der Leichtfüßigkeit der immer neu hinzutretenden Stimmen konnte man erahnen, daß Elias nicht mehr von dieser Welt erzählte.** (175 f.)

Was Schneider hier meisterlich beherrscht, ist, wenn nicht die Kunst der Fuge, so doch die **Kunst der Fügung**[176].

Die Behauptung der Musikalität des Textes führt, so zeigen die zitierten Beispiele, von der Suche nach musikalisch-literarischen Äquivalenzen zu wahrnehmungsästhetischen Beobachtungen. So wird dem Roman insgesamt eine Wirkung bescheinigt, die der Wirkung von Elias' Musik vergleichbar ist.[177] Darüber hinaus kann auf der Ebene der Wahrnehmungsästhetik das Phänomen der Mehrstimmigkeit, das ein wesentliches Moment der Musik bildet, aber der Linearität von Sprache widerspricht, auch im Zusammenhang mit Literatur neu diskutiert werden. Das Lesen eines literarischen Textes kann nicht nur horizontal, auf der syntagmatischen Achse des Textes, geschehen, sondern auch vertikal, auf der paradigmatischen Achse. Im ersten Fall schenkt man als Leser der handlungsbeschreibenden Erzählsequenz besondere Aufmerksamkeit; im zweiten Fall, der einem zweiten, genaueren Lesen entspricht, wird man versuchen, die übereinander gelagerten Varianten des Themas, die Parallel- und Nebenthemen wahrzunehmen. Auf dieser Achse kann Lesen zum **Polyphonie-Erlebnis**[178] werden. Der Text wird in verstärktem Maße als sprachliches Beziehungsnetz erkannt, dessen Elemente nicht allein nach außen auf die Welt der Dinge verweisen, sondern gleichzeitig nach innen auf die Welt des Textes. SCHNEIDERS Art sich selbst zu zitieren, macht diese Art der verschobenen Bezogenheit sichtbar.

Um dies zu veranschaulichen, sei die Passage herausgegriffen, in der die Geschichte des Romans ein zweites Mal erzählt wird (176 f.). Nicht von ungefähr geschieht dies im Zusammenhang mit Elias' Musizieren.

> **Er tat die Augenlider zu, hob den Kopf und träumte sich nach Eschberg zurück, indessen die Orgel alle heraufdämmernden Bilder mit schwärmerischer Klangpracht über die Köpfe der Zuhörer ausbreitete.**
> **Die Natur wurde Musik.** [...] (176)

Bei der Lektüre der anschließenden Absätze ist die horizontale Lesebewegung durch vertikale Bezugnahmen (30, 76, 77, 78, 80, 103 f., 99) verlangsamt. Erinnerte Sätze legen sich über die gerade gelesenen Sätze, sodass der Eindruck von Gleichzeitigkeit entsteht. Von einzelnen Stellen gehen Querverbindungen auch in mehrfache Richtungen, am deutlichsten beim Motiv der **Tiere des Waldes im Jännerschnee** (177, 80, 61, 55 f., 197). Die ausgeprägte Intratextualität des Romans kann als Ausdruck seiner Mehrstimmigkeit gelten.

# 5 Das Erfinden einer Geschichte

## 5.1 Die Figuren

Die Auseinandersetzung mit (postmodernem) Erzählen im Schnittpunkt der Pluralität der Gattungen und Stile, im Netz von Intertextualität und Mehrstimmigkeit führt den Leser wie den Interpreten schließlich in die Geschichte selbst hinein, wo die Suche nach Sinn-Spuren festeres Terrain gewinnt. Er stößt zunächst auf die Figuren, die der Erzählung Körperlichkeit verleihen. Das Erfinden einer Geschichte gelingt Schneider über das Erfinden einer Figur. Wie die Entstehung seines Romans zeigt, liegt hier sein erzählerischer Ansatzpunkt. So erstaunt nicht, dass er trotz der Ankündigung, das Leben des einen, außergewöhnlichen Menschen beschreiben zu wollen und sich für die anderen, gewöhnlichen Menschen nicht zu interessieren, eine Fülle von Figuren braucht, um diese Geschichte zu erzählen. Die Nebenfiguren sind mehr als nur eine Folie, vor deren Hintergrund sich das Leben des Helden entwickelt. Sie sind zum Teil durchaus eigenständige Personen mit abgeschlossener Biografie, die der Erzähler auch dann zu Ende führt, wenn er die Figur aus dem Romangeschehen entlässt.

In der Figurenkonzeption setzt Schneider wiederum konsequent auf hohe Erzählwirksamkeit. Mit wenigen erzählerischen Strichen konturiert er Haltung und Gestus des einzelnen Typus. Auf Psychologisierung und Charakterentwicklung legt er wenig Wert. Seine Figuren überzeugen vor allem durch die Unmittelbarkeit ihrer körperlichen Präsenz, ihre **durchdringende Leiblichkeit**[179].

> **Das ist ja ganz offensiv in diesem Buch, das riecht ja wirklich, dieses Buch: Man sieht diese Großlippen, diese Schwellmünder, diese unglaubliche Körperlichkeit, körperliche Rohheit auch, die immer wieder hervortritt.**[180]

Der Handlungsspielraum, den der Autor seinen Figuren einräumt, ist eher gering: Er hält sie fest in der Hand und verfügt in freier, manchmal willkürlich wirkender Entscheidung über sie. Unterschiede in der Verfügbarkeit zeigen sich je nach ihrer Stellung innerhalb der Figurenkonstellation und der erzählerischen Funktion, die sie dadurch übernehmen. Im Folgenden seien sie in drei Gruppierungen analysiert, die jeweils verschiedene Blickwinkel der Betrachtung ergeben: als Repräsentanten des Dorfes, die sein Sozialgefüge verdeutlichen; als zentrale Einzelfiguren, die in enger Beziehung zueinander stehen und dadurch mehr oder weniger Individualität entwickeln; als Parallel- und Kontrastfiguren, die die Hauptfigur spiegeln.

### *5.1.1 Die Figuren des Dorfes*

Die Eschberger Bergbauern sind als Kollektiv in ihrer kaum zu überbietenden Negativ-Exotik bereits dargestellt (vgl. 3.1.1): eine **Creep-show** von **Deppen und Mordbuben,** die SCHNEIDER zu einem **Tableau der vorzivilisierten Grausamkeit**[181] fügt. Diese Grausamkeit ist allerdings nicht Ergebnis barbarischer Verwilderung in einem abgelegenen Bergtal, sondern hat in ihrer negativen Ausprägung durchaus zivilisatorisches System. Es entsteht ein bäuerlicher Bilderbogen, der einige der dörflichen Klischees neu bedient.

*Die Familie:* Die vorzivilisierte Grausamkeit liegt in der jahrhundertelangen Opposition der Lamparter und Alder begründet. Durch die **Vermischung beider Geschlechter** (12) wird die Spaltung auch in das einzelne Geschlecht hineingetragen, sodass ein Alder grundsätzlich **der Todfeind** des anderen Alder ist (43). Hass und Ablehnung dringen auf diese Weise bis in die Keimzelle der Dorfstruktur vor, die Kleinfamilie. Seff Alder und seine Frau sperren ihr sonderbares Kind ein und lassen es verwahrlosen; die Seffin wünscht ihm gar den Tod und wird deswegen von ihrem Ehemann sprechunfähig geschlagen; sie verelendet, ohne dass sich jemand um sie kümmert; Elias hasst die Seinen; der Vater verkommt schuldbelastet in Krankheit und Einsamkeit und erleidet einen Schlaganfall, bei dem ihm niemand beisteht. Als typische Familienszene erscheint aus der Sicht des Elias folgendes Bild:

> **Wenn er zum Nachtbrot aus dem Gaden hervorkroch, setzte er sich stumm an seinen Platz beim schweren Eichentisch, schlürfte unhungrig von der Einbrennsuppe und sprach keine Silbe. [...] Die Seffin in ihrer blauen Schürze löffelt mit gichtigen Händen Suppe in den verzogenen Mund ihres Mannes. Philipp, der Idiot, rollt die Augen, und Fritz schlägt eben das Kreuz über die Stirn.** (159)

In der Familie des Nulf Alder geht es noch grausamer zu: Die Frau wird von ihrem Mann geschlagen und geschändet; der Vater bricht dem Sohn den Arm; aus Rache setzt dieser das Dorf in Brand, damit der Vater im Feuer umkomme; später verweist er die Eltern des Hauses, das diese ihm frühzeitig vermacht haben.

*Pfarrer und Lehrer:* In einer dörflichen Gemeinschaft, deren soziale Grundstruktur derart beschädigt ist, sind auch die kirchlichen und weltlichen Repräsentanten alles andere als vorbildhaft. Aufgrund ihrer menschlichen Eigenschaften, die sie wenig von den anderen Eschbergern unterscheiden, aber vor allem kraft ihres Amtes, das sie über die anderen Eschberger erhebt, pervertieren sie in erstaunlicher Übereinstimmung die Erwartungen, die man an sie stellt.

Die beiden Kuraten, so unterschiedlich sie als Personen sind, erweisen sich als Seelsorger absolut ungeeignet. Kurat Elias Benzer, obwohl eindrucksvoll als Redner und lebenszugewandt, hat Eigenschaften, die selbst die Eschberger einem Kirchenvertreter nicht zugestehen mögen: Er ist abergläubisch, unzüchtig, aufwieglerisch, geldgierig, rachsüchtig, ketzerisch und gewalttätig. Er verurteilt bei anderen, was er sich selbst erlaubt, hetzt auf, wo er schützen müsste, straft und vernichtet, wo er seelsorgerisch tätig sein sollte. Sein Unglück ist, dass sein rednerisches Talent, mit dem er die Menschen anstachelt, zur eigenen Verteidigung nicht ausreicht. Als einziger Ausweg bleibt ihm der unchristliche Selbstmord.

Sein Nachfolger, Kurat Friedolin Beuerlein, **ein gutmütiger, dürrer und sehr langnasiger Herr** (47), könnte als Mensch christliche Tugenden verkörpern, ist aber aufgrund frühzeitiger Senilität und geistiger Verwirrung nicht in der Lage, die einfachsten kirchlichen Handlungen auszuführen. Schwerster Missbrauch der kirchlichen Funktionen oder eklatante Unfähigkeit, sie zu erfüllen: Das ist, was die Seelsorger betrifft, die Alternative, die sich den Eschbergern bietet.

In ähnlicher Weise versagen die weltlichen Repräsentanten, zu denen der Onkel Oskar Alder und der Domorganist Goller als Lehrer und mögliche Förderer des begabten Elias gehören. Neid und Konkurrenzangst kennzeichnen ihr Verhalten und verhindern eine angemessene Förderung des jungen Musikers. Zugunsten des Onkels spricht, dass er über so viel musikalische Sensibilität verfügt, dass er seinen eigenen Dilettantismus erkennt und freiwillig abtritt. Zynischer wirkt der Domorganist, der Elias in seiner ersten Begeisterung zum Orgelwettbewerb einlädt, ihm gleichzeitig aber das eigene Instrument zu Hause verbietet. Er freut sich, als er Elias barfuß antreten sieht, da er in seinen Augen so unfähig ist, die Orgelpedale zu treten, und damit keine Konkurrenzgefahr darstellt.

*Hebamme und Hure:* Die Frauen im Dorf, **die Weiber,** zeigen ähnliche Charakterschwächen wie die Männer (Lieblosigkeit, Neid, Habgier, Lüsternheit), ihr sozialer Handlungsspielraum ist jedoch noch stärker eingeengt. Der Part, der ihnen zusteht, ist häufig der des Opfers. Sie werden geprügelt, vergewaltigt, öffentlich angeprangert. Ihre Sprachlosigkeit wird ihnen aufgezwungen. Wenn man sie braucht, dann da, wo das Leben entsteht, bei Zeugungsakt und Geburt.

Die Hebamme Ellensönin kann, was die Ausübung ihrer Tätigkeit betrifft, an Pflichtvergessenheit und Nachlässigkeit mit den männlichen Amtsträgern durchaus konkurrieren. Sie kommt zu spät, arbeitet freudlos, ignoriert die Schmerzen der Gebärenden, verpasst den Augenblick der Geburt, rettet das Neugeborene aus reiner Hilflosigkeit und bekommt nicht einmal mit, welchen Geschlechts es ist. Anders als den Männern gesteht ihr der Erzähler allerdings eine gewisse Reflexionsfähigkeit und in Ansätzen auch eine eigene Sprache zu, indem er ihrer Schwatzhaftigkeit Raum für eine Art inneren Monolog gibt. Was sie da gedanklich durchspielt, macht einerseits ihr berechnendes Wesen deutlich, zeigt andererseits, wie trostlos ihre Möglichkeiten sind, die ihr nur die Wahl zwischen einem **Schwellmaul** mit Ziegenfüßen (16) und einem lungen- und gemütskranken Buckligen (17) lassen.

Die Hure Burga ist, einem alten Klischee folgend, die heiligste aller Frauenfiguren. **Die Burga liebte die Menschen und das Leben, darum hatte man sie zur Dorfhure gemacht.** (54, vgl. auch 124 und 130) Gleichzeitig ist sie auch die einzig weibliche, ein Bauernmädchen, wie man es sich so vorstellt. **Die Burga war ein blühendes volles Weib mit kernigem Gesicht und blondem, dickgezopftem Haar.** (124) Arglos wird sie zur Zielscheibe der niederträchtigsten Demütigung, die gerade da ansetzt, wo ihre Qualitäten liegen, bei ihrer Schönheit und Liebesfähigkeit.

### *5.1.2 Die Trias Elias – Elsbeth – Peter*

Aus dieser tristen Dorfgemeinschaft ragen drei Figuren heraus, auf die der Erzähler seine besondere Aufmerksamkeit richtet und die in enger Beziehung zueinander stehen: die **drei ungleichen Menschen** (104) Elias, Elsbeth und Peter.

*Elias:* Elias ist einerseits, wie dargestellt wurde (3.2.1), eine Kunstfigur, bei der eine Vision durchgespielt werden soll. Ein Bewusstsein, das ihn die Misere seiner Einzigartigkeit erkennen ließe, hat ihm der Erzähler nicht mitgegeben. Der geniale Musiker bleibt ein **idiot savant**[182], der in einer Welt aus Fühllosigkeit und Niedertracht seinen Untergang findet. In die Zwischenräume dieser vorgezeichneten Existenz schiebt der Erzähler – der eben auch einer des 20. Jahrhunderts ist – Momente von Erlebnis- und Leidensfähigkeit, die dieser Figur eine Art Innerlichkeit verschaffen.

**Den Schock seiner Kindheit hat er nie verwunden** (95), resümiert der psychologisch blickende Erzähler. Unehelich und gegen seinen Willen geboren, nachdem die Schwangerschaft die Mutter schon **etwas Unbestimmtes** (40) ahnen ließ, wird der Junge von Anfang an aufgrund seiner **gläserne(n) Stimme** als **verwunschen** (31) und **vermeintlich besessen** (41) aus der Familien- und Dorfgemeinschaft ausgeschlossen. Als kleines Kind kann er nicht begreifen, warum er anders behandelt wird als sein älterer Bruder und warum die Mutter ihm die Nähe verweigert (31). In dieser Einsamkeit bewahrt er sich anfangs eine Enklave der Fröhlichkeit, indem er singt und sich der Natur überlässt (31 ff.).

Elias ist ein sensibles Kind, das leicht erschrickt und häufig weint (32 f.). Er wirkt schwermütig (55) und nervös (32), hat früh ein Gefühl für das

Vergängliche (107) und liebt alles, was mit dem Tod zusammenhängt (120). Trotz der Ausgrenzung ist er duldsam und begehrt nicht auf (95); seine Art zu gehen ist die einzige nach außen sichtbare Auflehnung gegen die Bauernwelt, in die er nie hat eintreten wollen (94). Wird das Leid zu groß, zieht er sich in Krankheit (31, 86, 136) und Apathie zurück, die bis zu völliger Abwesenheit und Bewegungslosigkeit gehen kann (164, 56, 96). Wie alle Eschberger ist er von Natur aus schweigsam. Als er erkennt, wie sehr seine Stimme die Menschen irritiert, beschließt er, kein lautes Wort mehr zu sagen und wird dadurch noch einsilbiger (54). Da er seine Gefühle nicht äußern kann, verliert er Elsbeth, obwohl gerade sie seine Worte liebt, die ihr wie Musik klingen (109). Er schweigt in doppelter Hinsicht seinem Vater und Peter gegenüber, deren Vergehen er erkannt hat: Er findet keine Worte, um mit ihnen zu sprechen, ist aber auch bereit, niemandem von deren Schuld zu erzählen (87, 88). Erfasst ihn Angst, bricht er in entsetzliches Schreien aus (43, 46, 78, 140,142 ff.). Wo die Sprache versagt, bleibt ihm die Musik, das Singen und vor allem das Orgelspiel, durch das er alles, was ihn bewegt, zum Ausdruck bringen kann. In solchen Momenten **jubiliert** er (29, 115, 118, 181).

Trotz seiner Isolation ist Elias in manchen Dingen durchaus weltzugewandt. Er ist klug (56), beobachtet genau (64, 65, 67) und hat ein gutes Gedächtnis (56). Kindern begegnet er aufmerksam und freundlich, so vor allem seinem mongoloiden Bruder Philipp, den er als Einzigen in der Familie liebt (95). Was die Musik und die Liebe betrifft, so handelt er zielgerichtet und mit großer Konsequenz, ob es um die Schulung der eigenen Stimme (60), die Orgelreparatur (98), sein Spiel (96), das Warten auf Elsbeth (120), seine Auseinandersetzung mit Gott (142) oder den Schlafverzicht geht. Einflüssen von außen ist er in diesen Situationen nicht zugänglich.

Sein Außenseitertum wird durch sein ungewöhnliches Aussehen noch verstärkt. Seit dem Hörerlebnis, das seine Augenfarbe und den Klang seiner Stimme verändert und einen frühzeitigen Entwicklungsschub bewirkt hat, ist er stigmatisiert. Als **Gelbseich** (43) wird er der Augen wegen verteufelt. Mit neunzehn Jahren sieht er aus wie ein Vierzigjähriger (93). Er hat edle Züge, wie man sie in Eschberg selten sieht, einen gutproportionierten Schädel und schöne Lippen. Sein dünnes, bleiches Haar ist schulterlang, er trägt schwarze Gehröcke und hat sich einen kleinschrittigen Gang angewöhnt. Der nervöse Zug um seinen Mund zeigt, dass er die Verletzungen seiner Jugend nicht vergessen hat und mit sich in **Unfrieden** lebt (94).

Während der Zeit nach Elsbeths Hochzeit mit Lukas nimmt Elias' Verzweiflung zu. Er altert auch innerlich (153) und fasst den Entschluss zu sterben, ungeachtet der Chance, die ihm ein glücklicher Zufall zuspielt. Der Erzähler betont, dass er verrückt geworden sei. (160) Was Elias in den

Tagen des Schlafentzugs beschäftigt, ist neben der Hoffnung, dass ihm ein Leben ohne Schlaf die Liebe Elsbeths und die ewige Seligkeit einbringen werde (192), eine Reflexion über Zeit und Ewigkeit. Elias, der nicht mehr schläft, erlebt die Dauer der Zeit in anderen Dimensionen. Mit dieser Überlegung führt der Erzähler seinen Helden wieder in die Reihe der **geborenen und doch zeitlebens ungeborenen Menschen** (14) zurück, denen er durch Elias ein Denkmal setzen wollte. Im Augenblick des Todes ist die Innerlichkeit, die der Erzähler dieser Figur mitunter gewährt hat, rückwirkend wieder relativiert. Was von Elias Johannes Alder bleibt, ist ein aktenkundlicher Vermerk über Zeitpunkt und Ursache seines Todes (198), ein interessanter Fall. Wirklich in diesen Menschen hineinblicken kann – wie die Lukasin (204) – auch der Leser letztendlich nicht.

*Elsbeth:* Das Spannungsfeld zwischen Spielfigur und Charakter ist in Bezug auf Elsbeth, die weibliche Hauptfigur des Romans, noch enger gesteckt. Sie gewinnt eigentlich erst im Nachhinein unerwartete Eigenständigkeit, als sie auf der letzten Seite des Romans den bis dahin allgegenwärtigen Erzähler ablöst und aus ihrer Sicht das **Märchen** (203) des jungen Mannes noch einmal erzählt, der so schön Orgel gespielt habe und dann auf immer verschwunden sei. Wenn sie ganz zum Schluss die Frage ihres Sohnes aufgreift: ›**Was Liebe meint?**‹ (204), dann ist sie mit dem Thema konfrontiert, das ihre Existenz als Romanfigur bedingt. Ihr ist die Rolle der **seit Ewigkeit vorbestimmt(en) Geliebten** (38) zugeteilt. Lange nimmt man sie als Leser nur indirekt wahr, über den Klang ihrer Herzschläge, die Elias zur dreimaligen Offenbarung seiner Liebe werden (38, 52, 78), oder über dessen Musik, die **den Duft ihres laubgelben Haares einfing, das Beben des Mündchens, den piepsigen Klang ihres Mädchenlachens, oder das Knacken der Falten im blauen Damastschürzchen.** (99) Erst dann stellt der Erzähler sie direkt vor, und zwar gleich zweimal, als siebenjähriges Kind und als Mädchen von dreizehn Jahren.

Elsbeth kommt auf ihre Mutter, die Nulfin, die geduldig die Rohheiten ihres Mannes hinnimmt. Sie ist wie diese still, ausgeglichen und von gutem Charakter. Wie alle Mädchen ihres Alters träumt sie den Traum vom Märchenprinzen, der angeritten kommt, um sie zu erlösen. Mit dreizehn Jahren hat sie sich zu einem zierlichen Fräulein mit dunklem Teint und niedlichem Knollennäschen entwickelt, das den jungen Burschen gefällt, die gern **eine Amour** (100) mit ihr hätten, ihr aber wenig Verstand zubilligen. Gleichwohl ist Elsbeth klug und weiß, wer ihr schadet oder nützt. Das Hinken ihres rechten Beins und das Vulgäre ihrer Sprache erinnern allein daran, dass **das entzückende Frauenzimmer** (100) der rohen Eschbergwelt entstammt.

Als Elias sie zum wasserverschliffenen Stein mitnimmt, wirkt sie neugierig und unbekümmert, reagiert aber erschrocken, als dieser ihr seine Künste vorführt. Für den **großen Herrn im schwarzen Gehrock** (101) empfindet sie Respekt. Sie betrachtet ihn **mit Augen der Bewunderung und großen Erstaunens** (109), was dieser für Liebe hält.

Sie selbst beschäftigt sich mit dem Thema Liebe erst, als sie heiratsfähig wird. Aber es ist auch dann eigentlich nicht ihr eigenes Thema. Auf dem Weg nach Götzberg neben dem stummen Elias sitzend, kann sie zwischen den sich bietenden Alternativen nur abwägen, indem sie nachdenkt, was die Eltern sagen. Elias kommt für sie nicht in Betracht, weil er nicht, wie ihr Vater es fordert, **tapfer und mutig durch das Jammertal des Lebens** (139) schreitet, also **kein Mann** (140) ist, wohingegen Lukas Alder, der Sohn des reichsten Eschberger Bauern, **mit beiden Beinen fest im Leben** (138) steht. Die Unselbstständigkeit ihres Denkens unterstreicht der Erzähler zudem noch dadurch, dass er ihr nicht einmal eine eigene Form gewährt, in der sie diese Gedanken äußert. Der stille Monolog, den Elsbeth mit sich auf der Fahrt nach Götzberg führt, ist formal ein Textzitat, die Wiederaufnahme des Monologs der Ellensönin.

*Peter:* Peter ist die Figur im Roman, die Schneider psychologisch am stärksten differenziert. Sie gewinnt dadurch vergleichsweise große Eigenständigkeit, auch wenn ihre Biografie ganz an die von Elias gekoppelt ist.

In der Tatsache, dass Peter bei der Taufe – im Gegensatz zu Elias – nicht schreit, erkennt der Erzähler einen vorgeformten Wesenszug seines Charakters. Das Kind lässt äußerlich keine Gefühlsregung erkennen; seine Augen blicken stechend kalt, als er Elias das erste Mal gegenübersteht; dessen Andersartigkeit erfüllt ihn mit **kalter Faszination** (84, 88). Diese Fühllosigkeit geht einher mit der für die Eschberger bekannten Schweigsamkeit. Stärker noch als bei Elias, der in der Musik ein Ausdrucksventil findet, oder bei den anderen Figuren, die nicht reden, weil sie nichts zu sagen oder etwas zu verschweigen haben, bildet die Stummheit bei Peter eine Mauer, hinter der sich seine Gefühle nur umso explosiver entwickeln. Das gilt für seine Liebe zu Elias, für die er, als er ihrer gewahr wird, keine Worte findet, während er **aufschreien und sich vor Sehnsucht an den Körper des Freundes (hätte) werfen mögen** (97). Das gilt in noch stärkerem Maße für seinen Hass, der sich durch die Misshandlungen seines Vaters in ihm aufstaut, welcher ihn blutig prügelt, wenn er Elias besucht, und ihm einer Nichtigkeit wegen den Arm bricht. Das malträtierte Kind **verbeißt** (68, 72) seinen Schmerz und beschließt, niemals zu Kreuze zu kriechen, **nicht einmal, wenn ihm das Maul dürr ist vor Hunger** (72). Um das **Weh** (73) nicht alleine zu tragen, gibt er es an andere weiter, zerschmettert der Lieblingskatze seiner Schwester, die ihn immer begleitet, wenn er Kummer hat, die Beine. Was den Vater betrifft, so fasst er den Plan, ihn **verrecken** (73) zu lassen.

In diesen Racheaktionen werden aber auch erotische Gefühle wach. Als Peter das Schreien der Katze vernimmt, kommt ihn **Rührung** (73) an, und als er später seine Grausamkeit gegenüber den Tieren verfeinert, weidet er sich **mit offenem Mund und geilen Augen** (122) an der geschundenen Kreatur. Während er auf den Zunderpilz blickt, mit dem er das Dorf in Brand setzen will, damit sein Vater im Feuer umkomme, fingert seine Hand **am losen Glied** (72). Beim Anblick der brennenden Häuser hängt ihm der Mund offen und die Augen leuchten (78). Peters sadistisches und pyromanisches Verhalten hat eine deutliche sexuelle Komponente[183].

Dass die Lust am Quälen mit seinen sexuellen Neigungen zusammenhängt, zeigt auch die Burga-Szene. Peter, der vorgibt, Elias die Liebe zeigen zu wollen, kann die **Absicht des Gemeinen** (123) nicht verhehlen. Er kostet die durch die Demütigung des Mädchens ausgelöste Erschütterung seines Freundes aus, um sich ihm körperlich zu nähern (129). Er rächt seine unerfüllte Liebessehnsucht, indem er Elias von Elsbeths Schwangerschaft erzählt und sich an dessen Unglück delektiert (141). Dass eine solche Rache Lustgewinn bringt, dafür spricht auch die Zielgerichtetheit, die Besessenheit, mit der Peter seine Aktionen plant (68, 72, 124).

Den Zusammenhang von sadistischer Abgründigkeit und Homosexualität stellt der Erzähler auch her, wenn er Peters Äußeres beschreibt:

> **Peter war kein Mann. Er hatte keinen Bartwuchs, war klein von Gestalt, im Gesicht die Spuren der Blattern, am Körper drahtig. Er hatte krauses Haar, und das unverkennbare Mal war sein verkrüppelter Unterarm. Seine Augen glänzten nußbraun. Es waren schöne Augen, wenn nicht das Licht des Abgründigen in ihnen flackerte.** (122)

Eine Veränderung erlebt Peter, als er erkennt, dass sich Elias von seiner Liebe zu Elsbeth befreit hat. Von diesem Zeitpunkt an scheint er sich für ihn nur noch als Musiker zu interessieren. Er, der als Einziger von Anfang an Elias' Genialität erkannt hat, ihn aber damals **niederzuhalten** (44) versuchte und es **mit wahrer Angst** (96) bei dessen Orgelspiel zu tun bekam, überredet Elias zur Teilnahme am Orgelwettbewerb, **ahnend, daß dies der größte Triumph im Leben seines Freundes werden würde** (163). Das Hintanstellen des Egoismus, vielleicht auch die Hoffnung, mit einem ungebundenen und erfolgreichen Elias fern von Eschberg wenn nicht in Liebe, so doch in freundschaftlicher Nähe zusammenzuleben, lassen aus Peter plötzlich einen **Mann von strahlender Schönheit** (173) werden und befähigen ihn, der sich früher nur am Unglück der anderen weiden konnte, Rührung über den Erfolg seines Freundes zu empfinden. (186) In den gemeinsam durchwachten Tagen und Nächten des Schlafentzugs erweist er sich Elias gegenüber bis zuletzt als aufopfernder Mensch. Der Schwur, über dessen Selbstmord zu schweigen, besiegelt eine gemeinsame Freundschaft, die einst durch einen schweigenden Pakt (88) geschlossen wurde. Symbol dieser Verbindung ist der Klang vom **Auf- und Abschwellen des Herzschlagens** (198), den Peter als Elias' letzte Lebensäußerung wahrnimmt. Nach dem Tod des Freundes kann er zum ersten Mal seine Gefühle nach außen tragen: Während er den Leichnam liebkost, bricht er **in jämmerliches Weinen** (199) aus.

Wie durch ein **plötzlich eintretendes Damaskus-Erlebnis** (201) geläutert, setzt der Sadist und Brandstifter sein Leben als ein Menschen und Tieren zugewandter Mensch fort. Nachdem er es im Dorf zu großem Ansehen gebracht hat, stirbt er, 16 Jahre nach Elias' Tod, am Sankt-Antonius-Feuer. Mit diesem leicht ironischen Hinweis auf das Feuer-Motiv entlässt der Erzähler die Figur, der er insgesamt mehr psychologische Entwicklungsmöglichkeit als den anderen Romanfiguren gegönnt hat.

*Elias – Elsbeth:* Die Beziehungen im Figurendreieck Elias – Elsbeth – Peter spiegeln noch einmal die Dichotomie von Funktionalisierung und Psychologisierung, die der Erzähler als Haltung seinen Figuren gegenüber einnimmt.

Elias' Verhältnis zu Elsbeth ist in die Pole von Vorbestimmtheit und Auflehnung gegen diese Bestimmung eingespannt, sodass eine wirkliche Auseinandersetzung nicht stattfindet. Elias erkennt als Fünfjähriger am Herzschlagen des ungeborenen Kindes die ihm auserwählte Geliebte. Seit der Rettung aus den Flammen, als ihr Herzschlagen in das seine überging, liebt er Elsbeth **mit einer Kraft und Leidenschaft, die ans Unmenschliche grenzt** (95), und opfert ihr sein musikalisches Genie. Seine Liebe ist zunächst **ohne irgendein erotisches Begehren** (99). Als er später ihre körperlichen Reize wahrnimmt, verbietet er sich sogleich jegliche Sinnlichkeit, um zu beweisen, **daß die wahre Liebe nicht das Fleisch sucht, sondern sich ganz an die Seele verschenkt.** (108) So geht er mit Elsbeth **eine Lebensfreundschaft** ein, in der er sie **Tag um Tag leidenschaftlicher zu lieben begann, ohne ihr diese Leidenschaft je zu eröffnen.** (117) Sein Schweigen führt dazu, dass Elsbeth sich von ihm entfernt und sich für Lukas entscheidet. Elias gibt sich jedoch weiter der Illusion hin, **daß er ohne Elsbeth nicht mehr leben könne** (140). Erst als Peter ihn über Elsbeths Schwangerschaft und die bevorstehende Hochzeit mit Lukas informiert, erkennt er seinen Irrtum und verflucht Gott, den er für die Täuschung verantwortlich macht. Dieser erlöst ihn von seiner Liebe, wodurch sich Elias einerseits wie befreit fühlt, andererseits aber die **Sinnlosigkeit allen Lebens** (149) erkennt und beschließt sich gegen Gottes Plan zu stellen, denn **selbst die hoffnungsloseste Leidenschaft ist leichter zu ertragen, denn keine Leidenschaft** (153). Sich an die Worte des Schaupredigers erinnernd: **Wer schläft, liebt nicht!!** (103), fasst er nach seinem Triumph auf der Orgel den Entschluss, nicht mehr zu schlafen und seine Liebe dadurch neu zu beleben. Auch im Zustand seelischer und geistiger Verwirrung hält Elias an seinem Totalitätsanspruch an die Liebe fest, um sie zuletzt ins Religiöse zu überhöhen. Vom Moment der ersten Wahrnehmung der Geliebten bis zum Tod vertritt er diese ebenso exzentrische wie egozentrische Liebesvorstellung, die sich ausschließlich im Bereich des Visionären bewegt und auf Vermittlung und Erfüllung nie angelegt war.

Demgegenüber ist Elsbeths Liebe zu Elias von gesunder Durchschnittlichkeit. Dessen Sehnsucht nach der absoluten, vom Körperlichen losgelösten Liebe kann sie nicht nachempfinden. **Sie sei halt auch nur ein elendes Weib und habe auch nur die elenden Gefühle eines Weibes.** (139 f.) Die Beobachtung, dass bei ihrer Hochzeit mit Lukas **ein Schatten von Melancholie über ihr Gesicht** (151) gefallen ist, entspringt denn auch der Einbildung des Erzählers, **der einfach nicht begreifen (will), weshalb sich diese beiden Menschen niemals finden durften** (151). Frei von solcher Sentimentalität findet Elsbeth später in der Ehe mit Lukas und ihren sechs Kindern **ihre Bestimmung** (203) und erkennt auch rückblickend nicht, dass Elias allein ihr Herz suchte und dass sie jene Liebe war, die er in Eschberg nicht hatte finden können (204).[184]

*Elias – Peter:* Ist die Liebe zwischen Elias und Elsbeth Teil des vorgefassten Konzepts des Erzählers um ein **Genie und um die Unmöglichkeit seines Liebens** (198), so ist die Beziehung zwischen Elias und Peter außerhalb dieser erzählerischen Vision angesiedelt und kann sich daher mit mehr Offenheit entwickeln. Was sie kennzeichnet, liegt in den psychologischen Zwischentönen.

Die Korrespondenz der Figuren ist in der Taufszene angelegt, in der die Verschiedenartigkeit der Charaktere in den unterschiedlichen Äußerungsweisen der Säuglinge sowie in der Reaktion des Kuraten, der ihre Namen ins Taufbuch einträgt, deutlich wird. Fortan ist ihr Lebensweg in einer Weise miteinander verknüpft, in der Dominanz und Unterwürfigkeit ein subtiles Spiel eingehen.

Die beharrliche Beständigkeit Peters, der nicht wie die anderen Kinder Angst vor Elias' Andersartigkeit hat und den auch die Prügel des Vaters nicht von ihm fernhalten können, bringt ihm die Freundschaft des Gleichaltrigen ein, der sich ihm willenlos unterordnet, **aus naiver Dankbarkeit dafür, daß ihn ein Mensch in den bittersten Stunden seines Lebens nicht im Stich gelassen hat.** (44) So kann der Erzähler behaupten: **Elias liebte den Peter.** (44) Nicht bewusst ist diesem der eigennützige Antrieb des Freundes, der als Einziger seine Genialität erkannt hat und ihn deswegen **niederzuhalten** (44) trachtet. Eine ähnliche Mischung aus Unterwürfigkeit und Zuneigung kennzeichnet ihre Begegnung nach dem Brandanschlag, bei der Peter unter unterschwelliger Drohung Elias zum Schweigen verpflichtet und dieser wortlos in den Pakt einwilligt. Eine Geste der Zärtlichkeit besiegelt ihr Einverständnis. Auch als Elias später Peters sadistische Grausamkeit durchschaut, kündigt er ihm die Freundschaft nicht auf, sondern macht sich **ungewollt zum Komplizen für Peters Bosheiten** (123), um die wichtigste Freundschaft seines Lebens nicht zu gefährden. Er lässt sich sogar zur Demütigung Burgas verführen, obwohl er weiß, dass er zu weit geht. Wieder hat Peter die **Hand** (126, vgl. 88) auf ihm. Auf der anderen Seite nutzt Elias Peters erotische Abhängigkeit, über die er emotionslos hinweggeht, indem er ihn als Blasebalgtreter zum Begleiter bei allen öffentlichen Auftritten macht und später zum Weggefährten in den Tod bestimmt. In der Zeit des langen und qualvollen Selbstmords nimmt ihr Ringen ein Ende, denn: **das Böse ringt so lange mit dem Guten, bis es im Guten untergeht** (201). Das **E**, das Peter nach Elias' Tod in eine Tanne ritzt, wird zum äußeren Zeichen seiner Liebe, so wie das doppelte E in Elias' Gehstock Symbol von dessen Liebe zu Elsbeth war (104).[185]

### *5.1.3 Parallel- und Kontrastfiguren*

Die Figur des Elias erfährt auf einer anderen Ebene der Figurenkonstellation eine weitere interessante Spiegelung. Die Rolle des Genies und Außenseiters wird von zwei parallel bzw. kontrastierend gestalteten Nebenfiguren aufgenommen, Meistenteils und Köhler Michel, die Elias' Sonderstellung noch einmal beleuchten. Bildet die Person des Meistenteils die grotesk-tragische Figurenvariante, so die des Köhler Michel die skurril-komische.
*Die Figur des Meistenteils:* Roman Lamparter wird Meistenteils genannt, da **meistenteils** zu seinen Lieblingsvokabeln zählt. Wie SCHNEIDER in der Vorstudie ausführt, entstammt er einer uralten Schnitzerdynastie, die sich bis ins frühe 13. Jahrhundert zurückverfolgen lässt und deren Geschichte **ein fortlaufendes Scheitern am sonderlichen Wesen ihres Kunstideals**[186] ist. Hervorstechendster Zug der eigenwilligen Holzschnitzer ist ihr Lachen, das eben dieses Kunstideal prägt.

> **Das Chorgestühl zeigt achtzehn schmunzelnde, lachende, grinsende, vor Lachen weinende, ja vor Gelächter berstende Benediktinerköpfe, gearbeitet mit einer virtuosen Kenntnis aller Nuancen des menschlichen Lachens.**[187]

Roman Lamparter hat sich diesen Zug in seinem von **tausend Lachfalten** (81) durchzogenen Gesicht bewahrt und zum Grundzug einer Lebensweise gemacht, in der das Verlachen zur umstürzlerischen Geste wird. Selbst in seinem Todesschrei klingt das Lachen noch nach. (84) Meistenteils lebt in gezielter Opposition zu seinen kleinhäuslerischen Nachbarn, die sein sonntäglich herausgeputztes, **weibisch(es)** (84) Auftreten und seine provozierenden Reden als Verhöhnung ihrer eigenen Situation begreifen. Was die

Eschberger jedoch am stärksten gegen ihn aufbringt, ist die Unverfrorenheit, mit der er sein Haus nach dem Modell des Eschberger Tabernakels gebaut hat, so **daß ausgerechnet er – ein Schuldenmacher und Antichrist – mit Jesus die Wohnstatt teilte** (82). Seine gotteslästerliche Haltung erhält noch eine weitere bizarre Komponente: Er hat seine Kuh auf den Namen St. Elisabeth getauft, weil sie ihm im hohen Alter noch ein Kalb geworfen hat. Um diese Kuh werden sich später, wenn nach Meistenteils' Tod Nulf Alder das Häuschen zur Plünderung freigeben wird, zwei Eschberger streiten, von denen der eine der Köhler Michel ist.

Dass die Bauern gerade Roman Lamparter, der über Geist und Kunstfertigkeit verfügt, zu ihrem Sündenbock machen, hat innerhalb ihres dumpfen Fanatismus, der keine Andersartigkeit duldet, durchaus Konsequenz. Die Brutalität ihrer selbst ernannten Strafaktion ist proportional zur Schärfe seiner Provokation. Das Alder'sche Plappermaul, Inkarnation von Verleumdung und Verrat, macht sich zum Zeugen seiner vermeintlichen geistigen und religiösen Abartigkeit, um ihn der rachsüchtigen Mörderbande auszuliefern, die ihn einer grausigen Lynchaktion unterzieht. Mit dem Bild des durch Hanfseile an den Baum gefesselten Todeskandidaten nimmt der Erzähler gleichzeitig das Bild des sterbenden Elias vorweg. Während dieser seinen Tod jedoch freiwillig inszeniert, wird Meistenteils zum ausgewählten Opfer der sich verhöhnt fühlenden Menge. Elias, in ähnlicher Weise wie Meistenteils als Außenseiter verteufelt, zieht den Hass der Eschberger nie in gleicher Weise auf sich, da er seine Andersartigkeit, deren er sich selbst kaum bewusst ist, nicht provokativ gegen die Bauern in Szene setzt.

*Die Figur des Köhler Michel:* Michel Lamparter, wie er als Bruder des Blasebalgtreters Warmund Lamparter heißt, trägt seinen Namen, weil er eine Kohlengrube befeuert. Seine Bestimmung ist jedoch eine ganz andere. Seit dem Tod des Bruders und einer Vision in der Grube fühlt er sich zum geistlichen Dichter berufen und dichtet fortan Verse für Grabsteine und kirchliche Feiern. Nach der Lektüre von Herders *Ideen zur Philosophie der Geschichte der Menschheit*, die ihm im Zuge der Verbreitung gotteslästerlicher Schriften in die Hände gefallen sind, macht er sich auf, das darin beschriebene Menschengeschlecht der Kalifornier zu suchen. So wild verschlungen und in gewisser Weise genialisch sich seine Reisen durch die Welt ausnehmen, so bodenständig endet sein Leben mit Frau und fünfzehn Kindern in der Nähe von Eschberg, und so bescheiden zweckmäßig mutet seine Kunst an. Die unwiderrufliche Bestimmung zum Künstler stellt ihn mit Elias auf eine Stufe. Das Ziel, **sein Leben als gereifter, einfacher Bauer abzurunden** (158), ist diesem jedoch in absoluter Weise konträr und lässt sich auch nur um den Preis des künstlerischen Dilettantismus verwirklichen. Dass eine solche Kunst im Vorarlbergischen über Generationen hinweg Bestand hat (vgl. 159), ist die satirische Pointe dieser *Gegendarstellung*. Wenn man in der Figur des Köhler Michel den Vorarlberger Schriftsteller Michael Köhlmeier vermuten will[188], dann sind die letzten Zeilen der Köhler-Anekdote als gezielter Seitenhieb nicht nur gegen einen Landsmann und Kollegen, sondern gegen eine regionale Literatur überhaupt zu betrachten, als deren Vertreter sich SCHNEIDER wohl nicht sieht.

## 5.2 Themen und Motive

Wie SCHNEIDER auf Figurenebene durch Parallelisierung und Kontrastierung Zuordnungen entstehen lässt, die seinen erzählerisch wirksamen Zugriff auf seine Figuren verraten, so zeigt er sich auch im thematisch-motivlichen Bereich als ein Autor, der ohne Scheu auf die ganz großen Themen des Lebens und der Literatur zugeht und sie seinem Erzählkonzept verfügbar macht. Wieder sieht man sich als Leser einer doppelten Strategie ausgesetzt. Indem man die großen Lebensfragen gestellt bekommt, über deren tiefere Bedeutung man nachsinnen möchte, verfängt man sich gleichzeitig in einem Netz von thematischen Bezügen und motivlichen Korrespondenzen, an dessen Feinmaschigkeit man Gefallen finden kann.

### *5.2.1 Der Themenkomplex Liebe und Tod*

In mehreren Schichten, konzentrischen Kreisen vergleichbar, entwickelt sich der Zusammenhang von eros und thanatos aus dem stofflichen Kern des Romans, wie er bereits im ersten Kapitel dargelegt ist: Um seine Liebe mit letzter Konsequenz zu leben, beschließt der Held, nicht mehr zu schlafen, da der Schlaf als Bruder des Todes die Liebe verrät, und bringt sich durch Schlafentzug zu Tode, wodurch sich das Gesetz erfüllt, **wonach eine jede Liebe immer in den Tod führt** (154). Die zirkuläre Logik dieser Zusammenhänge, die sich auch in der Umkehrbarkeit der Sätze **Wer liebt, schläft nicht** und **wer schlafe, liebe nicht** (9) spiegelt, verbürgt Schicksalhaftigkeit und Ausweglosigkeit.

In einem erweiterten Handlungszusammenhang gesehen, verliert dieser innere Kern an Geschlossenheit; der Themenkomplex wird mehrdeutiger. Der Mythos der wahren Liebe, die bedingungslos sein und ewig dauern soll, existiert für Elias nur als selbst erzeugte Projektion. Er wählt den Tod zu einem Zeitpunkt, als seine Liebe zu Elsbeth längst erkaltet ist. Er stirbt nicht aus wirklich empfundener Liebe zu Elsbeth, er **stirbt für die Illusion der Liebe**[189]. Auch sein Verständnis der Worte des Schaupredigers zeigt eine einseitig verkürzte Auffassung von Liebe: Liebe nicht als umfassendes Gefühl, sondern als dauernde Aktivität, die durch den Schlaf, in dem man nicht lieben könne, nicht unterbrochen werden dürfe. Dem Prediger selbst, der ein Scharlatan ist, geht es um reine Sexualität, die er ungehemmt bis zur Perversion ausgelebt wissen will.

Auf der andern Seite hat das **alte Wort** (9) aus der griechischen Mythologie, nach der Hypnos der Zwillingsbruder des Thanatos ist, für Elias eine Bedeutung, die über den Gedanken des Schlafentzugs aus Liebe hinausgeht; es ist sein **Leit- und Leidmotiv**[190]. Als man ihm für den Orgelwettbewerb den Choral der Kantate Nr. 56 von Bach, »Kömm, o Tod, du Schlafes Bruder«, vorlegt, nehmen ihn die Worte vom Tod, der den Menschen in den sicheren Hafen der Ewigkeit führen soll, vom ersten Augenblick an gefangen (172). In den letzten Zeilen des Chorals, **Denn durch dich kömm ich herein zu dem schönsten Jesulein** (173), klingen für ihn religiöse Kindheitserfahrungen an (47). Die starke Affinität zum Tod begleitet Elias' ganzes Leben, angefangen von der Geburt, gegen die er sich sperrt, über seine Vergangenheitssucht (107, 160) und den in Ohnmachten und Liebesdepressionen (132) vorweggenommenen Tod bis zum eigentlichen Todesentschluss. Auch sein musikalisches Schaffen ist durch die Auseinandersetzung mit dem Tod bestimmt. Was ihn **zum Komponieren recht eigentlich stimulierte,** ist das Leiden Christi, denn **er liebte alles, was mit dem Tod in Verbindung gebracht werden konnte** (120). In seiner letzten großen Improvisation, die seinen Entschluss zu sterben festigt, will er musikalisch darlegen, **wie man sich gegen den Tod aufzulehnen habe,** indem er den **Tod als jähes Schweigen, als unerträgliche Pause** (174) extemporiert. Seiner Musik jedoch gelingt es, gegen dieses Schweigen anzugehen und in der **Kühnheit der Harmonien** das Unsagbare zum Ausdruck zu bringen, **die Auferstehung von dem Tode** (113). In der Todesszene hebt der Erzähler den Zusammenhang von Schlaf und Tod und zugleich die religiöse Dimension von Elias' Sterben noch einmal hervor. Der leblos in den Hanfseilen hängende Körper, der kaum noch atmet, ist die bildhafte Synthese von Schlaf und Tod und evoziert gleichzeitig den gekreuzigten Christus, der für die Sünden der Menschen gestorben ist.

In einem dritten konzentrischen Kreis betrachtet, löst sich der Themenkomplex von Liebe und Tod aus seinem anfänglichen Zusammenhang. Was die hypostasierte Liebe des Elias betrifft, so wird dadurch noch einmal deutlich, wie sehr sie Idee und Konstruktion ist, die durch die Wirklichkeit der Eschberg-Fiktion untergraben wird. Wo in dieser Welt eine Form von Liebe in Ansätzen existiert, so ist sie immer in ihrer Existenz bedroht: die Liebe zwischen Seff und Elias durch das Verbrechen des Vaters und dessen spätere Krankheit, Elias' Zuneigung zu Philipp durch die geistige Behinderung des Bruders, die homosexuelle Liebe Peters durch Elias' andersgeartete Interessen, die Bereitschaft Elsbeths durch Elias' Abkehr vom Körperlichen, die Beziehung zwischen Seff und Seffin durch die körperliche

Verwahrlosung der Frau. Sexualität tritt in Erscheinung als unterdrückte Lust (Elias, Peter) und unbefriedigte, leicht erregbare Begierde (Frauen), als Vergewaltigung (Nulf) und Unzucht (Geschwisterpaar). Nur die gedemütigte Burga lässt sich die Liebe von niemandem **versauen** (130).

Der Tod, in Eschberg gegenwärtiger als die Liebe, ist meist ein vorzeitiger, gewaltsamer Tod. Selbst Cosmas Alder, der das Dritte Feuer überlebt und bis ins hohe Alter auf seinem Hof dahinvegetiert, stirbt nicht eines Tages, sondern verhungert aus Trotz. Allein der Köhler Michel beendet **in methusalemischem Alter** (159) sein Dasein, nachdem er sein Leben abgerundet hat. Die Ursachen der unnatürlichen Tode sind vor allem die drei Feuerkatastrophen, denen zahlreiche Eschberger, darunter Seff, zum Opfer fallen. Dazu kommen Mord durch Verbrennen (Meistenteils), Selbstmord (Kurat Elias Benzer, Oskar Alder), Unfall (Warmund Alder), Krankheit (Peter) oder Unachtsamkeit (ertrunkenes Alder'sches Kind). Versuchter Mord (Seelenzilli) und Tötungswunsch (Seffin gegenüber Elias und Peter gegenüber seinem Vater) ergänzen diesen gewaltsamen Totentanz.

### *5.2.2 Die Leitmotive Feuer – Wasser – Stein*

Die Thematik des Romans ist eng mit seiner leitmotivischen Struktur verflochten, die als Repetitionsgerüst dem Text unterlegt ist und wesentlich zu dessen Einheit beiträgt. Durch Wiederholung und Verknüpfung bilden Dinge und Vorgänge ein festes Bezugs- und Konnotationssystem, innerhalb dessen sie Symbolcharakter entwickeln können. Entsprechend den großen Themen, die SCHNEIDER anschlägt, rekrutiert er seine Leitmotive aus einem fundamentalen Lebensbereich: dem Bereich der Elemente. Jedes Motiv ist in sich mehrschichtig und lässt Verbindungslinien zu anderen Motiven erkennen.

*Das Motiv Feuer:* Feuer stellt im Roman durchwegs eine zerstörerische Kraft dar und steht mit dem Thema Tod in enger Verbindung. Es repräsentiert ein Rache- und Vergeltungsinstrument, das gleichermaßen von Gott wie vom Menschen eingesetzt wird. Die drei großen Brände, die das Dorf dezimieren und schließlich zu seiner Auslöschung führen, werden als Strafaktion eines Gottes dargestellt, der sich zum Richter über die Menschen macht, indem er seinen **Feuerengel** (76) aussendet. Menschliche Vorsichtsmaßnahmen können diese Feuer nicht verhindern, die in konsequenter Steigerung erst **die ganze Nordflanke des Dorfes** (76), dann **fast das gesamte Dorf** (202) und schließlich **das ganze Dorf** (11) vernichten. Dass alle drei Feuer eine gemeinsame Ursache haben, zeigt die fast wörtliche Übereinstimmung der Beschreibung der Situation vor dem Ersten und vor dem Dritten Feuer (72, 11). Die Zahl drei erhöht zudem den Symbolwert des Motivs und öffnet ein Deutungsfeld, das von der biblischen Vision der Apokalypse bis zur irdischen Gefahr eines Dritten Weltkriegs reicht.

Wenn Gott Eschberg mit dem Feuer straft, macht er sich die Natur wie auch den Menschen zum Verbündeten. Vorbote und Antreiber des Feuers ist jedesmal **ein höllischer Föhnwind** (10, 68, 71, 76, 202), der das Unheil ankündigt, indem er **im festen Wissen um die kommende Katastrophe ein tausendstimmiges Gelächter** (10 f.) anhebt und das Feuer weitertreibt um die Verheerungen auszudehnen. Auch Peter wird als Gestalt gewordener Feuerengel zum Handlanger Gottes, wenn er mithilfe seines Zunderpilzes die Mordgelüste gegenüber seinem Vater in die Tat umsetzt.

Darüber hinaus setzen die Menschen in Eschberg die vernichtende Gewalt des Feuers durchaus zu ihren eigenen Zwecken ein. Allen voran wird Kurat Elias Benzer vom Feuer magisch angezogen und macht es in Worten und Taten zum Grundpfeiler seiner Theologie (20). In Zusammenhang mit dieser Figur entfacht der Erzähler seinerseits ein Feuerwerk mit Feuermetaphern. Um seiner Lieblingsidee der **Hexenverfeuerung** nachzugehen, stachelt der **wortfeurig(e)** Kurat vermöge seiner **leuchtenden Phantasie** in **zündenden Predigten** die Bauern an, die Episode mit dem **brennenden Dornbusch** in die Szene vom **brennenden Weib** hinüberzuführen, sodass sich die Eschberger **am Funkensonntag** aufmachen und sich anschicken, anstelle der Strohhexe die Seelenzilli ins **Funkenfeuer** zu stürzen (20 f.). Das an sich harmlose **Kerzenbrennen** kostet der **hitzige Kurat** (27) jedes Mal bis zum gefährlichen Ende aus, wodurch sich manch ein Kirchgänger das Haar **versengt** (112). Höhepunkt seiner kirchlichen Vergeltungsaktion ist die **Feuerpredigt** (25) am Pfingstsonntag, in der er ein pulvergefülltes Fässchen zur Explosion bringt, das das reinigende **Pfingstfeuer** in ein **alles versengende[s] Höllenfeuer** (26) verwandelt.

In der Meistenteils-Episode greift der Erzähler das Feuermotiv ein weiteres Mal auf. Als angeblicher Brandstifter findet dieser Provokateur, den man in Eschberg ebenso wenig wie die Seelenzilli dulden will, den Tod durch Verbrennen, nachdem er vergeblich versucht hat, durch den verbrannten Wald vor der aufgebrachten Menge zu fliehen. Der Anstifter dieser Mordtat ist Seff, der später in den Flammen des Zweiten Feuers umkommen wird. Der Todesschrei des Meistenteils, der Elias wie ein furchtbares Lachen vorkommt (84), hallt in Seffs Schreien nach, das ebenfalls wie entsetzliches Gelächter klingt (202). So wird suggeriert, dass der Tod Seffs als Strafe für dessen Beteiligung an der Ermordung des Meistenteils anzusehen ist.[191] Gleichzeitig ist im Motiv des Todeslachens erkennbar, wie konsequent der Erzähler Leitmotive miteinander verknüpft. Das **tausendstimmige Gelächter** (11) des Föhnsturms führt über das **schreiende Feuer** (11), das Eschberg auslöschen wird, und die **schreienden Flammen** (77), die Elsbeth bedrohen, zu den **höllischen Schreikrämpfen** (80), in die die Eschberger verfallen, als sie nach dem Ersten Feuer feststellen, dass allein das Haus des Meistenteils verschont geblieben ist, zu dem **gewaltigen Schreien** (84), des brennenden Meistenteils und dem **Gebrüll** (87) des Seff, mit dem dieser sein Gewissen übertönen will.[192]

*Das Motiv des Wassers:* Dem Feuermotiv ist das Wassermotiv als Kontrastmotiv gegenübergestellt. Die Kräfte, die Kurat Elias Benzer in der Taufpredigt miteinander vergleicht (28), wirken in entgegengesetzter Richtung. Feuer bedeutet überraschender Eingriff, Zerstörung und Tod, Wasser dagegen dauerhafte Präsenz, Rettung und Leben. Der **unerschöpflich herabstürzende Bergbach** (55) der Emmer gibt den Dorfbewohnern ein Gefühl der Beständigkeit, das umso existenzieller ist, als sie wissen, dass Feuer **in weniger als einer Stunde** (11) alles vernichten kann. Man versteht Elias, den ein Bewusstsein der Vergänglichkeit erfasst, wenn der Bach seinen Lauf ändert. (107) Bevor er mit dem Schlafentzug beginnt, blickt er lange **in das lebendige Wasser der Emmer** (189) und taucht wenig später **ins kalte Gebirgswasser** (190), um **sein Leben wach und neu zu leben** (192).

Das Wasser ist für die Eschberger auch die einzige Überlebenschance, die es gegen das Feuer gibt. Als Fluchtweg steht den bedrohten Dorfbewohnern nur das Bachbett der Emmer offen (11, 80). Haintz Lamparter überlebt den Schwefelsonntag, weil er sich **im tauen Morgengras** (26) wälzt, und Cosmas Alder das Dritte Feuer, weil er die Nacht **in den feuchten Mauern seines Kellers** (11) verbringt.[193] Auf der anderen Seite ist das Gleichgewicht der Kräfte vor und nach Ausbruch eines Feuers jedes Mal verschoben. Nicht mehr als **ein kleines Rinnsal** (68, 71, 80) ist dann die Emmer, die sonst als **braun stürzendes Wasser** (32, 203) oder als **weiße, lärmende Fontäne** (55) den Berg hinabstürzt.

*Das Motiv Stein:* Im Motiv des wasserverschliffenen Steins verbinden sich zwei konträre Elemente. Der große, glatte Stein im Flussbett der Emmer ist Elias' eigentlicher Ort, **mein Ort** (107), wie er zu Elsbeth sagt, als er sie zum ersten Mal dorthin führt, der Ort, **an welchem alles begonnen hatte und an welchem nun alles enden sollte** (189). Als Fünfjähriger folgt er dem Ruf des Steins, der ihn **auf so unheimliche Art und Weise** (32) anzieht, um dort das Hörwunder zu erleben; dorthin geht er, um seine Stimme zu trainieren und um mit Elsbeth zusammen zu sein; an dieser Stelle vollzieht sich konsequenterweise sein Sterben. Der wasserverschliffene Stein gewinnt mythische Qualität dadurch, dass er wie der Fußabdruck Gottes aussieht (107) und das Tor zum Himmel für alle gestorbenen Eschberger darstellt, die hier warten müssen, **bis der Herrgott ihnen die Wolken aufschließt** (109). Nach dem Tod des Elias wird der Stein, der immer **unbeweglich und majestätisch** (107) im Bachbett gelegen hat, von den Fluten der Emmer fortgerissen. Elias' **Lieblingsort** (204) hat aufgehört zu existieren.

Diesem heiligen Ort wird ein unheiliges Pendant gegenübergestellt: der

Petrifels, eine Klamm in den Eschberger Wäldern. Wie der wasserverschliffene Stein Elias' Ort ist, so ist dieser Fels Peters Platz. Hier sitzt er, einer **Kröte** (72) gleich, und hält den Zunderpilz in der Hand, mit dem er das Feuer legen wird; von hier aus beobachtet er das brennende Dorf und wird von Elias während der Jagd auf Meistenteils gesucht; und hierhin bestellt er schließlich seinen Freund, der durch die Demütigung Burgas **die Sünde entdeckt** (130). Dem Ort haftet bereits vor Peters Zeit eine Aura des Bösen an: Der Fels, von dem die Eschberger sagen, dass die Hexen dort zu mitternächtlicher Stunde Sabbat abhielten (110), erinnert an die Lamparter Zilli, die man wie eine Hexe beinahe verbrannt hätte, und den Feuerprediger Elias Benzer, der sich von hier zu Tode stürzte.

An dem Ort, an dem der Erzähler die Zündler und die Angezündeten zusammenkommen lässt, schließt sich die Kette der Leitmotive und führt zu ihrem Ausgangspunkt zurück. Es zeigt sich, mit welcher Systematik der Autor das Netz der Korrespondenzen flicht, sodass man sagen könnte, dass in *Schlafes Bruder* jedes Motiv mit jedem verwandt ist.[194]

# 6 Intertextualität

## 6.1 »Schlafes Bruder« im Kontext postmoderner Romane

Intertextualität als postmodernes Kennzeichen von *SCHLAFES BRUDER* verweist auf die Epoche, in der der Roman stofflich angesiedelt ist. Die Lesarten als realistische Dorfgeschichte, romantischer Künstlerroman und Heiligenlegende Kleist'scher Prägung führen literarhistorisch in die Zeit zurück, in die sich die Geschichte des Vorarlberger Genies fiktional einbettet. Intertextualität ist aber auch zeitgenössich als Bezugnahme auf Werke zu verstehen, die im Kontext der Postmoderne als zusammengehörig betrachtet werden. So wird *SCHLAFES BRUDER* häufig in einem Atemzug mit Patrick Süskinds *DAS PARFUM* und Christoph Ransmayrs *DIE LETZTE WELT* genannt. Man mag SCHNEIDER als einen Autor bezeichnen, der auf der Erfolgswelle seiner beiden postmodernen Vorgänger mitzuschwimmen versucht, doch gilt insgesamt, dass die literarische Postmoderne eine gewisse Art des Schreibens hervorgebracht hat, die, wie ihre Kritiker betonen, auch zur Einheitsmachart werden kann.[195] Die weitgehende Homogenität des postmodernen Stils erklärt sich aus dem Willen zur Nivellierung von Kunst und Trivialität. In der kalkulierten Balance zwischen literarischer Ambition und Unterhaltsamkeit findet der Rückgriff auf vormoderne Erzählformen, das historisch-exotische Sujet sowie die literarischen Mythen seine Rechtfertigung. Mit den Mitteln des Zitats wird eine literarische Vergangenheit heraufbeschworen, die in der Gleichzeitigkeit von Fremdheit und Vertrautheit sowohl den naiven als auch den literarisch versierten Leser zu fesseln vermag. Indem das Zitat nicht mehr als solches gekennzeichnet ist, sondern mit Halbzitaten, stilistischen Nachahmungen und sprachlichen Eigenschöpfungen zu einer charakteristischen Mischung homogenisiert wird, entsteht eine hochartifizielle Sprachoberfläche, deren Raffinement und hohe Rhetorizität die fehlende Originalität ersetzt. Dem Entgleiten in die Trivialität wird durch Ironie entgegengewirkt, die im Unterschied zur traditionellen Literatur nicht entlarvenden, sondern Signalcharakter hat, der den Kunstanspruch legitimiert.

### *6.1.1 »Schlafes Bruder« und »Das Parfum«*

Über die Ähnlichkeit postmodernen Schreibens hinaus lassen sich zwischen *SCHLAFES BRUDER* und dem *PARFUM*[196] eine Reihe von Parallelen nachzeichnen. SCHNEIDER hat, **ganz klar**[197], Süskinds Erfolgsroman gelesen und zitiert Sigrid Löfflers Ausspruch vom **Geruchsmonster** dort und dem **Gehörmonster** hier.

Thematisch verbindet die beiden Romane in erster Linie der Umgang mit der Geniethematik. Der exzentrische Künstler wird bei Süskind wie bei SCHNEIDER superlativisch hochstilisiert. Wie Grenouille **der größte Parfumeur aller Zeiten** (S31) werden will, so wird Johannes Elias Alder zum **grandiosesten Organisten** (161) erklärt. Dieser absoluten Genialität entspricht eine extreme Stigmatisierung. Das Geruchsmonster ist mit Klumpfuß, Buckel und einem Gesicht, das die Spuren von Milzbrand und syphilisbedingten Blattern trägt, eine Gestalt von dämonischer Hässlichkeit, die auf die Mitmenschen ähnlich abstoßend und Angst einflößend wirkt wie das Gehörmonster mit dem gespenstischen Gelb seiner Pupillen und den grotesken pubertären Deformationen. Beiden Figuren wird in der Kindheit jede Form von Sozialisation verweigert, sie führen eine **Randexistenz fast bis hin zum Autismus**[198]. Als Ausgestoßene der Gesellschaft reagieren sie bis zu einem gewissen Grad mit Anpassung, letztlich aber mit Rückzug in eine nur durch eigene Werte bestimmte Innenwelt. Die Kunst, die sie mit vergleichbarer Perfektion betreiben, führt sie – allerdings auf sehr unterschiedlichen Wegen – in den Tod, der gleichbedeutend mit gänzlicher Auslöschung im Nichts ist. Weder sie noch ihre Schöpfungen hinterlassen irgendwelche Spuren. Bereits ihre Geburt war nicht ins Leben, sondern gegen den Tod gerichtet, zwei blutige Fleischklumpen, die **wider Erwarten** (S9) zu schreien beginnen. So ist ihre Existenz von Beginn an als Nicht-Existenz angelegt; von **geborenen und doch zeitlebens ungeborenen Menschen** (14) ist die Rede. Das Erzählen **von der Wiege bis zur Bahre**, das SCHNEIDER für sich und Süskind reklamiert[199], geht daher zwangsläufig mit einer Pervertierung des Entwicklungsgedankens einher.

Erzählt wird der **Antibildungsroman**[200] jeweils von einem auktorialen Erzähler (der bei Süskind allerdings nicht Gestalt wird), der sein Erzählvorhaben vom ersten Satz an zielgerichtet in Angriff nimmt und Erzählspannung vom vorausgenommenen Ende her entwickelt. In beiden Romanen entspricht der gewollte Anachronismus der Erzählhaltung dem Stil des Jahrhunderts, von dem erzählt wird. Der Authentizitätsanspruch des Erzählens wird jedoch dadurch aufgebrochen, dass weder der im Hintergrund agierende Erzähler bei Süskind noch der sich auf die Bühne des Geschehens drängende Erzähler bei SCHNEIDER ihre moderne Bewusstseinshaltung verbergen wollen. Allerdings sieht SCHNEIDER seinen Erzähler als eine Figur, die am Geschehen und den Figuren des Romans Anteil nimmt, während Süskind in seinen Augen Distanz wahrt[201]. Dass jedoch diese Anteilnahme auch bei SCHNEIDER Teil der Inszenierung des Erzählens ist und somit eher Kalkül als Betroffenheit bedeutet, konnte nachgewiesen werden (vgl. 4.1.1).

Auch sprachlich ist die Süskind'sche Fabulierkunst bei SCHNEIDER vielfach wiedererkennbar. Stilmischung dominiert über Stilreinheit, Benennen geht vor Beschreiben, Pathos überdeckt Genauigkeit. Der Superlativ ist ihr gemeinsames Kennzeichen. Wenn es um die Spezialthemen geht (Parfumeurskunst und Orgelspiel), setzen die Autoren auf Präzision und gelehrte Terminologie. Bezüglich der favorisierten Wahrnehmungsbereiche (Riechen und Hören) entfalten sie Differenzierungsvermögen und sprachliche Variation. Drastisches und Sentimentales halten sich die Waage; Barbarismen mischen sich mit Märchenformeln. Das **gnadenlose Verquicken der Stil-Genres**[202], das den Stilbruch zum Wesenselement des Stils macht, charakterisiert Süskind wie SCHNEIDER. Den Vorwurf des Geschmäcklerischen, des Kitsches müssen sich beide Autoren gefallen lassen.

Was postmodernes Erzählen und speziell die Frage der Intertextualität betrifft, gehen Süskind und SCHNEIDER mit unterschiedlicher Konsequenz vor. Die Auseinandersetzung mit der Geniethematik betreibt Süskind systematischer, indem er – wie Frizen zeigt – eine gewisse kulturhistorische Folge zwischen Sturm-und-Drang, Klassik, Frühromantik und neuzeitlicher Dekadenz, zwischen Goethes *FAUST* und Thomas Manns *DOKTOR FAUSTUS* einhält, aus der sich eine Topik der Genie-Ideologie und zugleich ihrer Desillusionierung ablesen lässt.[203] Zudem verbindet Süskind in dezidierter Weise Künstlerroman und Kriminalgeschichte und kann sich in dieser Mischung eindeutig auf E. T. A. Hoffmann berufen, der auch im Hintergrund von *SCHLAFES BRUDER* auszumachen ist. Deutlicher als Elias' Selbsttötungsinszenierung markiert die kannibalische Zerstückelung Grenouilles die postmoderne Zerstörung des Individuums und setzt damit die parodistische Pointe des Romans[204]. Die **zweideutige Existenz an der Grenze zwischen Pastiche und Parodie,** die Ryan für *DAS PARFUM* als charakteristisch erklärt, kann somit als **positive Strategie** interpretiert werden.[205] Sprachlich konsequent erscheint, dass ein Roman, der den Originalitätswahn des Individuums parodistisch entlarvt, selbst keine Originalität zu simulieren braucht.[206]

Indem SCHNEIDER die Geniethematik vornehmlich unter romantischem Vorzeichen aufgreift und mit der Idee einer absolut gesetzten Liebe verknüpft, die er durch die Gleichung Schlaf–Tod noch mythisch unterlegt, setzt er sich stärker als Süskind der Gefahr der Klischeehaftigkeit aus und gerät damit, um Ryans Gedanken noch einmal aufzugreifen, eher in die Nähe der Pastiche, der Nachahmung um der Nachahmung willen, als der Parodie, der nachahmenden Übertreibung zum Zweck der Entlarvung. Um einseitiger Trivialisierung entgegenzuwirken, arbeitet SCHNEIDER – stärker als Süskind – an der Ausarbeitung eines eigenwilligen Jargons, der in seiner spezifisch archaisch-dialektalen Mischung sprachliche Originalität simuliert und auf Authentizität verweisen will.

### *6.1.2 »Schlafes Bruder« und »Die letzte Welt«*

Der Entwurf fern liegender, befremdender Welten verbindet SCHNEIDER und Ransmayr.[207] In Tomi am Schwarzen Meer wie in Eschberg im Vorarlbergischen herrschen anarchische Lebensverhältnisse, die vom brutalen Kampf ums Überleben geprägt sind. Ransmayrs Beschreibung der kleinasiatischen Stadt könnte auch auf Eschberg passen:

> Als alle Speicher geleert und die Stalltiere geschlachtet waren, begannen sich die noch in der Stadt verbliebenen Bewohner selbst um Brot zu schlagen und fielen übereinander her [...] (R 228 f.)

Die menschlichen Überlebensanstrengungen erweisen sich jedoch sowohl in der antiken Küstenwelt wie in der vorindustriellen Bergwelt als wirkungslos angesichts einer übermächtigen Natur, die menschliche Zivilisation in den natürlichen Urzustand zurückverwandelt. Wie in Tomi die Häuser **unter Kletterpflanzen und Moos** verschwinden und ganze Häuserzeilen **allmählich wieder an das Küstengebirge zurückzufallen** beginnen (R 10), holt sich in Eschberg die Natur zurück, was der Mensch ihr vor Jahrhunderten weggenommen hat, indem sie die Häuser **mit stachligem Gestrüpp in Beschlag** nimmt und ihre **Grundmauern bemoost** (10). Der Schlüsselsatz der *LETZTEN WELT*, **Keinem bleibt seine Gestalt** (R 15), den Ransmayer aus Ovids *METAMORPHOSEN* übernimmt, könnte auch über SCHNEIDERS Roman stehen. Beide Autoren nehmen das Verschwinden des Menschen und seiner Kultur ohne Klage zur Kenntnis.[208]

Dies ermöglicht eine Ästhetisierung des Grauens, die für *DIE LETZTE WELT* wie für *SCHLAFES BRUDER* charakteristisch ist. In wohl ausgewogenen Sätzen gehen Ransmayr wie SCHNEIDER gegen den Schrecken des Todes an:

> In diesem steinernen, fensterlosen Raum waren die Bewohner eines ganzen Straßenzuges zusammengepfercht und mit Giftgas erstickt worden. Das Tor hatte dem Ansturm der Todesangst, der Qual und Verzweiflung standgehalten, einer Welle keuchender, um Atem ringender Menschen, die in den Ritzen und Fugen des Tores vergeblich nach einem Hauch Zugluft gesucht hatten; die Starken waren auf den Leichnamen der Schwachen höher und höher gekrochen [...] (R 261)

> Die zwölfangeligen Flügeltüren ließen sich lange nicht öffnen. Die Leiber der Schreienden preßten und verkeilten sich ineinander, drückten mit roher Gewalt gegen die Pforten. Als eine massige Hand die Schnalle fand, sprengte der Flügel endlich auf. Dem aber die Hand gehörte, der brüllte vor Weh, denn sie war zertrümmert und Blut schoß unter den Nägeln hervor. Es trat, schlug, focht und schrie sich alles ins Freie. (76)

Ransmayrs Stil wirkt glatter, erlesener als der SCHNEIDERS. Dessen direktere Bildlichkeit scheint dem Realismus des Inhalts näher zu kommen, ist aber ebenso rhetorisch stilisiert. In vergleichbarer Weise entindividualisieren beide Autoren die Momente des Sterbens. Liest man die Fortsetzung von SCHNEIDERS Zitat, wird erkennbar, dass die Darstellung des Grauens zum Selbstzweck werden kann und wenig mehr leistet, als den Leser für einen Moment zu (wohligem) Schaudern zu verleiten.

Ransmayr und SCHNEIDER ähneln sich darüber hinaus in ihrer Vorliebe für sprachliche Prozesse, die eine besondere Aura der Uneindeutigkeit schaffen: In der Bevorzugung der indirekten vor der direkten Rede, die den Konjunktiv als Form des nicht-beglaubigten Sprechens mit sich bringt, der häufigen Verwendung von Verben und Adverbien, die die Scheinhaftigkeit des Wahrgenommenen betonen, sowie dem Hang zu irrealen Vergleichsätzen, in denen sich der eindeutige Wirklichkeitsbezug auflöst. Versucht Ransmayr auf diese Art und Weise eine sich permanent wandelnde Welt durch eine oszillierende Sprache einzufangen[209], hat SCHNEIDER stärker die erzählerische Sogwirkung im Auge. Beide Autoren sind sich, was die barocke Stilisierung ihrer Sprache betrifft, der eigenen Kunstfertigkeit wohl bewusst.

### 6.2 Weitere intertextuelle Bezüge

*SCHLAFES BRUDER* verführt Rezensenten und Literaturwissenschaftler, auch über den thematisch bedingten, literarhistorischen und zeitgenössisch postmodernen Kontext hinaus, nach literarischen Anleihen zu suchen.

In Zusammenhang mit der Herz- und Geniethematik des Romans wird, gleichsam als Vorläufer der romantischen Tradition, an die SCHNEIDER anknüpft, Goethes *LEIDEN DES JUNGEN WERTHER* genannt. Die vergebliche Liebe Werthers, die Unmöglichkeit seiner künstlerischen Verwirklichung, der Selbstmord, mit dem er seiner tragischen Biografie ein Ende setzt, sowie das Erkennungswort **Herz** in den Appellen des unglücklich Liebenden knüpfen **ein kräftiges Band**[210] zu SCHNEIDERS Roman. Im 20. Jahrhundert führt das Geniethema zu Thomas Manns *DOKTOR FAUSTUS;* Adrian Leverkühn und der enge motivliche Zusammenhang zwischen Musik, Liebe und Tod rücken ins Blickfeld. Darüber hinaus wird auf die Figur des Chronisten und Biografen Serenus Zeitbloom verwiesen, dem der SCHNEIDER'sche Erzähler nicht unähnlich sei.[211] In einem Atemzug mit Süskinds *PARFUM* wird als Vorbild von *SCHLAFES BRUDER* nicht selten auch Günter Grass' *BLECHTROMMEL* genannt. Eine außerordentliche Intensität der Sinne verbindet die Hauptfiguren der drei Romane, die jeweils in der *einen* Begabung ihr ungewöhnliches Schicksal begründen, das in der Umkehrung des traditionellen Entwicklungsromans erzählt wird.[212] In direkter Parallele gemahnt Elias' gläserne Stimme, die wie **ein einziges, hohes Pfeifen** (31) klingt, an Oskar Matzeraths Fähigkeit, mit hohen Tönen Glas zum Zersplittern zu bringen. Des Weiteren wird das Genie Elias Alder mit der Genialität eines Glenn Gould in Thomas Bernhards *Untergeher* in Verbindung gebracht und, was die Komposition des Romans betrifft, an *Hans Henny Jahnn* erinnert.[213]

Bezüglich der Kritik an ländlicher Rückständigkeit wird Schneider in die österreichische Tradition von Thomas Bernhard, Felix Mitterer und Manfred Deix gestellt, die wie Schneider in der Genauigkeit der negativen Details ihr enges Gebundensein an Dorf und Provinz verraten.[214] Lenkt man den Blick weiter auf die kritische Auseinandersetzung mit der Gegenwart, erscheint Schneider als geistesverwandt mit den österreichischen ›Nestbeschmutzern‹ Peter Turrini, Werner Schwab und Elfriede Jelinek, deren Kritik allerdings (wie auch die von Bernhard, Mitterer und Deix) eine andere literarische Form findet und nicht, wie bei Schneider, **aus der schönfärbenden Feder eines Dorfschreibers**[215] fließt. In der für die Schneider'schen Figuren typischen Mischung aus Sentimentalität und Gewalt ist auch Ödön von Horváth wieder zu erkennen[216], nicht nur der Horváth der Volksstücke, sondern auch der der Romane. Wenn Elias von Schneider **ein Kind seiner Zeit** (120) genannt wird, klingt der Titel von Horváths letztem Roman an. In ähnlicher Weise meint man aus dem Titel von Hermann Brochs Roman *Esch oder die Anarchie* aus der Trilogie *Die Schlafwandler* eine Querverbindung zu Schneiders Eschberg ziehen zu können, denn auch Broch schildert die Engstirnigkeit, Verwirrung und Degeneration eines ganzen Volkes.[217]

Auf drei interessante Einzelparallelen sei noch verwiesen. Zeyringer fühlt sich bei der Landschaftsbeschreibung in *Schlafes Bruder*,

> **Der Nebel gefror in den Wäldern, zog eisige Fäden von den Zweigen und beschlug die Rinde der Tannen südseitig. An diesem Nachmittag lagen sich Mond und Sonne gegenüber. Der Mond eine zerbrochene Hostie, die Sonne die Wange der Mutter.** (30),

nicht nur an Schneiders Landsmann Franz Michael Felder erinnert, sondern – im zweiten Teil der Beschreibung – auch an das Märchen der Großmutter in Georg Büchners *Woyzeck*.[218] Moritz zeigt Analogien zwischen dem Kapitel »Schnee« aus Thomas Manns *Zauberberg* und der Hörwunder-Szene auf, die vom elementaren Bildungs- und Offenbarungserlebnis, das für Hans Castorp wie für Elias Alder von erheblicher Konsequenz ist, über die näheren Umstände des Geschehens bis zu einzelnen sprachlichen Bildern reichen.[219] Wallmann sieht eine Verwandtschaft zwischen *Schlafes Bruder* und Christoph Ransmayrs *Morbus Kitahara*, da beide Romane mit dem Ende von etwas beginnen – Ransmayrs

Roman mit dem Bild von zwei Toten, die von einem Urwaldfeuer bis zur hieroglyphischen Unkenntlichkeit verbrannt sind –, das wiederbelebt wird, indem der Roman mit der Geschichte auch sein eigenes Erzählen erzählt.[220]

Im Bereich der ausländischen Literatur kennt SCHNEIDER vor allem ein wichtiges Vorbild: den Kolumbianer Gabriel García Márquez mit *HUNDERT JAHRE EINSAMKEIT*, dessen magischem Realismus er nacheifert. Das Urwalddorf Macondo mag er im Auge haben, wenn er sein real-fantastisches Eschberg zum Nabel der Welt erhebt.

# 7 Die Verfilmung des Romans

## 7.1 Entstehung und Rezeption des Films

Die Initiative der Verfilmung von *Schlafes Bruder* ging von dem Münchner Musikwissenschaftler und Komponisten Norbert J. Schneider aus, der Anfang 1993 seinem Freund, dem Filmemacher Joseph Vilsmaier, die Lektüre des Romans ans Herz legte. Vilsmaier, der sich bereits mit *Herbstmilch* (1988), der Verfilmung der Lebenserinnerungen der Bäuerin Anna Wimschneider, einen Namen als erfolgreicher Heimatfilmer gemacht hatte, **sah das alles schon beim ersten Lesen in Filmbildern vor mir**[221]. Er gewann Robert Schneider als Drehbuchautor und begann 1994 in der Vorarlberger Gemeinde Gaschurn mit den Dreharbeiten. Im abgelegenen Garneratal lässt er ein komplettes Bergbauerndorf aus alten Bauernhäusern errichten, die in der Gegend aufgekauft und in einer Höhe von 1700 Metern neu zusammengebaut werden. Er errichtet einen geschlossenen filmischen Mikrokosmos, in dem jedes Stück authentisch ist und er sich mit der Kamera ohne Schnitt zwischen innen und außen bewegen kann. Die Stadtszenen dreht er im tschechischen Kutná Hora, das auch heute noch genug biedermeierliche Verschlafenheit besitzt.

Die Hauptrolle besetzt Vilsmaier mit André Eisermann, der durch den Film *Kaspar Hauser* von Peter Sehr bekannt wurde. Die Rolle des Peter übernimmt Ben Becker, Elsbeth wird von Vilsmaiers Frau Dana Vávrová gespielt. Robert Schneider, der bei den Dreharbeiten häufig anwesend ist, bekommt eine winzige Nebenrolle, die des Kutschers, der den Domorganisten Goller nach Eschberg bringt. Die Komparsen, die die hinterwäldlerische Dorfgemeinschaft abgeben sollen, findet Vilsmaier in abgelegenen Weilern und in Pflegeheimen für geistig Behinderte. Norbert J. Schneider ist zusammen mit dem Komponisten Hubert von Goisern für die Filmmusik verantwortlich. Ihnen kommt die Aufgabe zu jene kosmisch-kolossale Musik hervorzubringen, die den Orgelvirtuosen Elias als Epochengenie beglaubigt.

Der Film wird ein halbes Jahr, bevor er im Herbst 1995 in die Kinos kommt, werbewirksam vorangekündigt. Die Idee des Gaschurner Bürgermeisters, die Staumauer des zur Gemeinde gehörenden Silvrettasees zur größten Cinemascope-Leinwand der Welt zu machen, um eine gigantische *Schlafes Bruder*-Premiere zu inszenieren[222], signalisiert – auch wenn sie nicht realisiert wurde – den medialen Aufwand, der diesen Film begleitet, der mit einem Etat von 15 Millionen Mark einer der teuersten deutschsprachigen Filme der letzten Jahre ist.

Trotz geballter kinematographischer Offensive bleibt die Publikumsreaktion auf den Film verhalten; der Tenor der Kritik ist negativ. So urteilt Urs Jenny, dessen Vorbericht im *SPIEGEL* bereits von ironischem Skeptizismus getragen war, nach der Premiere mit entsprechender Deutlichkeit: **Es hat alles nichts geholfen; die Quantität will störrischerweise partout nicht in Qualität umkippen.**[223] Für Skasa-Weiss ist Vilsmaiers Film **grandioser Kitsch, Gefühlskino par excellence**[224]. SCHNEIDER selbst hält trotz der intensiven Zusammenarbeit mit dem Regisseur den Film für missglückt.[225] Gleichwohl vermag der Film die Popularität und Verkaufszahlen des Romans nochmals zu steigern. Im letzten Quartal 1995 werden durchschnittlich 90 000 Exemplare pro Monat abgesetzt.[226]

## 7.2 Die filmische Adaption des Romans

### *7.2.1 Die Verarbeitung des Romanstoffs*

Vilsmaier ist zu sehr eigenwilliger und querdenkender Filmregisseur, als dass er sich nicht große Freiheiten gegenüber seiner literarischen Vorlage nehmen würde. Bei dem Versuch, literarische Strukturen in analoge filmische Strukturen zu übersetzen, liegt ihm eher daran, ein eigenständiges, ästhetisch überzeugendes Filmkunstwerk vorzulegen als der literarischen Textvorlage möglichst unmittelbar gerecht zu werden. Wolff, der eine Typologisierung von Literaturverfilmungen versucht, ordnet Vilsmaiers Verfilmung von *SCHLAFES BRUDER* dem Vorfeld der Literaturverfilmungen zu und spricht von stofforientierter Adaption, für die die literarische Vorlage lediglich ein Steinbruch ist, dem einzelne Handlungsstränge und Motive entnommen sind, die dann zu einer eigenständigen filmischen Handlung zusammengefügt werden.[227] Aus Gründen der filmischen Wirkung entfernt sich Vilsmaier immer wieder vom Text, mitunter so weit, dass die ursprüngliche Handlungs- und Figurenkonzeption deutlich verschoben wird. SCHNEIDER unterstützt ihn darin, indem er sich als Drehbuchautor auf filmspezifische Notwendigkeiten einlässt und den Kino-Spielregeln manche erzählerische Eigenwilligkeit opfert. Auf der anderen Seite betont SCHNEIDER, wie sehr er auch als Romanautor vom Film gelernt habe, und verweist auf die Komposition seines Romans, die mit Schnitttechniken des Films zu tun habe. Das letzte Kapitel des Romans sei nichts anderes als eine filmische Retrospektive, die die Geschichte in kurzen Bildern auf eine andere Weise noch einmal erzähle.[228]

Dass Vilsmaiers Film diese filmische Möglichkeit nicht in der von SCHNEIDER angesprochenen Form nützt (in der letzten Sequenz wird von der Lukasin, die mit ihrer Tochter Anna zur Emmer wandert, nur das Verschwinden des Steins angesprochen), zeigt, in welche Richtung Veränderungen gegenüber der literarischen Vorlage gehen: Linearisierung des filmischen Erzählens bei gleichzeitiger Konzentration auf den handlungstragenden Plot und die in den drei Hauptfiguren aufscheinende Apotheose von Musik, Liebe und Tod. Dies bedeutet ein Entgegenkommen an traditionelle Kino-Erwartungen und an den Geschmack eines breiten Publikums.

Die auffälligsten Abweichungen vom Text sind:

- Indem Vilsmaier eine durchgehend chronologische Filmstruktur wählt, ignoriert er die zyklische Komposition des Romans. Im Zuge dieser verstärkten Linearität reduziert er die zeitliche Ausdehnung des Geschehens auf die Elias-Handlung und verzichtet konsequent auf Nebenhandlungen. Der verbindende Rahmen wird musikalisch durch die Wiederaufnahme des Bach-Chorals hergestellt.
- Die Wahl der drei Hauptdarsteller bestimmt Gewicht und Beziehungsgefüge der Figurentrias neu. Durch ihre eindrucksvolle körperliche Präsenz heben sie sich stärker als im Roman von den debilen Bauerntölpeln ab und legitimieren damit in gewisser Weise den Anspruch, allein ihren persönlichen Leiden und Leidenschaften verhaftet zu sein. André Eisermann als Elias erscheint, ohne körperliche Entstellung, als realitätsferner Schwärmer mit bedeutungsvollen Blicken und Gesten; Dana Vávrová als Elsbeth entpuppt sich als selbstbewusste junge Frau, die nicht nur leidet, sondern auch handelt; Ben Becker als Peter wird von der Begleitfigur zum dominierenden, allgegenwärtigen Charakter und damit zur heimlichen Hauptfigur des Films. Aus Besetzungsgründen wird auch ein Großteil der Geschichte, der im Roman in der Kindheit spielt, im Film zeitlich und psychologisch zu einem Drama zwischen Erwachsenen verschoben.
- In diesem Zusammenhang erfährt auch die Elias-Elsbeth-Handlung eine deutliche Ausdehnung und die Liebesgeschichte zusätzliche tragische Komponenten. Ausgangspunkt ist eine veränderte Funktionalisierung des Ersten Feuers, das Vilsmaier zu einem späteren Zeitpunkt ansetzt als Schneider im Roman und vom kindlichen Racheakt gegen die väterliche Gewalt zum Eifersuchtsmotiv umdeutet. Damit gibt er nicht nur Peters Liebesenttäuschung mehr filmischen Raum, sondern auch Elias die Gelegenheit, seine Geliebte, die sich bereits von ihm entfernt hat, aus dem brennenden Haus zu retten und kurzzeitig neue Hoffnung für seine Liebe zu fassen. Elsbeth, bereits schwanger, verlässt jedoch nach dem Brand zusammen mit Lukas im Treck der obdachlosen Bauern das Dorf, um sich in Feldberg niederzulassen, wo sie mit Mann und Kind verelendet, ihr aber die Chance gegeben wird, Elias' musikalischem Triumph beizuwohnen und ihm ein letztes Liebessignal auf den Weg in den Tod mitzugeben. Anders als im Roman wird im Film das Scheitern dieser Liebe einem Elias zugeschoben, der sich für die Musik und gegen die Liebe entscheidet und zu spät erkennt, was er dadurch verliert.

■ Der Konflikt zwischen Liebe und Musik erscheint im Film auch dadurch dramatisch zugespitzt, dass Musikerfolg und Liebesverrat als sich wechselseitig bedingend dargestellt werden. In einer raffiniert geschnittenen Doppelszene zeigt Vilsmaier, wie sich Elsbeth Lukas hingibt, während Elias' Spiel aus dieser Ahnung seine musikalischen Impulse zieht.
■ Die Reduktion des Plots auf das private Drama der drei Hauptpersonen beeinflusst auch die Art und Weise, wie Vilsmaier mit den Nebenfiguren des Romans umgeht. Aus der Perspektive der filmischen Adaption ist die Gestalt des Köhler Michel am interessantesten, in der Vilsmaier drei Romanfiguren vereint: die gleichnamige Romanfigur, die Figur des Meistenteils und die des Schaupredigers.[229] Die personelle Verschmelzung bewirkt eine konzeptionelle Aufwertung dieser Figur: Sie wird bei Vilsmaier zu einer durchgängig konzipierten Person mit leitmotivischer Funktion, die einen Teil der im Roman so intensiv durchgespielten Leitmotivtechnik ersetzt.
■ Mit den erzählspezifischen Eigenheiten des Romans setzt sich Vilsmaier nicht auseinander. Dass die Erzählfigur verschwindet, überrascht nicht bei einem Film, der dem Stofflichen Priorität verleiht. Aber auch SCHNEIDERS Sprache, die bewusste Archaisierung und dialektale Stilisierung sind im Film kaum mehr auszumachen. Was die Sprache im Film nicht leistet (und auch nicht analog zum Roman leisten kann), die Schaffung einer Atmosphäre historischer und regionaler Authentizität, wird im Film durch Kulisse und Ausstattung sowie durch die äußere Überzeichnung der Nebenfiguren erreicht. An die Stelle der Sprache der Wörter tritt die Sprache der Bilder.

### *7.2.2 Die Filmsprache*

Welche filmsprachlichen Mittel Vilsmaier einsetzt, soll anhand exemplarisch ausgewählter Sequenzen dargestellt werden. Besonderes Augenmerk gilt dabei der Frage, inwieweit es dem Film gelingt, musikalische Genialität hörbar zu machen. Was sich im Roman sprachlich behaupten lässt und akustisch nicht bewiesen zu werden braucht, muss im Film tatsächlich erklingen und wird somit überprüfbar. Auch in den Sequenzen, die nicht vom Musizieren handeln, wird neben der Kameraführung das Bild-Ton-Gewebe als filmästhetisches Spezifikum im Vordergrund der Betrachtung stehen.

Der Film beginnt mit dem »Aufstieg der Hebamme zum Dorf«[230]. In der ersten Sequenz nimmt die Kamera abwechselnd Gebirgslandschaft und zwei Menschen, die sich Eschberg nähern (die Hebamme und den sie begleitenden Fritz), in den Blick. Während die Helikopter-Kamera wie ein tief fliegender Vogel über die Hochebene, schneebedeckte Berghänge und den schilfbedeckten Gletschersee gleitet, schafft sie den Eindruck einer nur den Elementen überlassenen menschenfeindlichen Natur. Dazwischen richtet sie sich auf die beiden näher kommenden Gestalten, deren Atemgeräusche aus dem Off die Mühsal des Aufstiegs signalisieren. Im Gegensatz zur schnellen Fahrt über unendliche Weiten und Höhen heftet sich die Kamera hier an bedeutsame Details, das schweißbedeckte, haubenumrahmte Gesicht der Hebamme und den kahlgeschorenen Kopf des Jungen mit der Kraxe, den sperrigen schwarzen Schirm und den schweren roten Koffer, den Saum des biedermeierlichen Gewandes, die bloßen Füße des Jungen, die durchs Wasser waten, und die Lederschuhe der Hebamme, die auf dem steilen Weg nur mühsam Halt finden. Symbolisieren die zerfließenden Landschaftsbilder aus der Vogelperspektive Weite und Offenheit des Raums, verweisen die schnell geschnittenen Personendetails auf archaische Erdverbundenheit. Zusammengehalten werden die kontrastierenden Bilder durch die Titelmusik, den Bach'schen Choral »Kömm, o Tod, du Schlafes Bruder«, der wenige Sekunden nach dem Vorspann in düsterem Moll-Pianissimo einsetzt und im Laufe der Sequenz zu einem strahlenden Dur-Fortissimo anschwillt, das in einem mehrstimmigen **Halleluja** endet, während die Kamera über die wolkenverhangenen Gipfel in den offenen Himmel schwenkt. Der synchrone Schnitt von Bildmotiven und Musik schafft bereits in den ersten Filmminuten eine Dramatik, die den Zuschauer auf eine Geschichte einstimmt, die ihn weder visuell noch auditiv zur Ruhe kommen lassen wird. Die Geburt des Helden, von den tierischen Schreien der Gebärenden in der engen Stube und den tobenden Elementen draußen klanglich umrahmt und durch Hell-Dunkel-Effekte noch verstärkt, bestätigt, dass hier nicht alltägliches Leben in die Welt gesetzt wird.

So effektvoll der expressiv-naturalistische Ansatz Vilsmaiers anhebt, mit Bildern und Klängen von augen- und ohrenüberwältigender Art, steht seiner Regiebravour bald eine erste Prüfung bevor: die »Hörwunder«-Sequenz. Akustisch begleitet von gellenden Geburtsschreien und dem dröhnenden Herzschlagen eines Neugeborenen, magisch vorwärtsgezogen von sanften Sphärenklängen bewegt sich der siebenjährige Elias wie in Trance aus dem Dorf, an der Hütte des Köhler Michel vorbei, über Bergwiesen an den Fluss, bleibt stehen, entkleidet sich, durchquert das Wasser und legt sich nackt auf den im Fluss liegenden abgeschliffenen Stein. In schnellen, ruckartigen Schnitten oder langen Überblendungen fängt die Kamera eine vom bisherigen Detailrealismus losgelöste magische Wirklichkeit ein, in der Naturgesetze und Zeitbegriffe außer Kraft gesetzt werden und die reine Bild-Ton-Komposition dominiert. Das in der Landschaft verschwimmende Riesenantlitz des Knaben, seine zuckenden Körperbewegungen, das auf dem Wasser treibende Schilf, das kreisende überdimensionale Ohr, der im Fruchtwasser schwimmende Fötus, der riesige fallende Tropfen, das aus dem Ohr sickernde Blut und die verfärbten Tränen werden surrealistisch überhöht durch eine Lichtregie, die im Zeitraffer Tag- und Nachtgrenzen aufhebt und Himmel und Landschaft in gleißendes Rot taucht, sowie eine Tonregie, die die inzwischen fortissimohaft angeschwollene Sphärenmusik durch naturalistisch-übersteigerte, schmerzhaft wirkende Einzeltöne überlagert. Dann entsteht plötzliche Stille, das Gesicht eines Neugeborenen wird eingeblendet, Orgelklang ertönt und Elias' Gesicht lächelt.

Man wird als Zuschauer Vilsmaiers filmische Virtuosität, das nahtlose Zusammenwirken von Bild-, Licht- und Toneffekten durchaus würdigen können. Gleichwohl wirkt die geballte Regieleistung angestrengt und vom Einsatz der Mittel her allzu durchschaubar. Auch wenn der SCHNEIDER'-sche Erzähler an entsprechender Stelle im Roman seine Beschreibung mit **Was sind Worte!** (38) abbricht, wird deutlich, dass Wörter die Imaginationskraft des Lesers stärker entzünden können, als es die magischen Bilder und Klänge des Films vermögen.

Dass der Regisseur alle Register seiner filmischen Möglichkeiten ziehen muss, um der sprachlichen Beschreibungswirkung auch nur annähernd gleichzukommen, zeigt mit noch größerer Deutlichkeit die »Orgelwunder«-Sequenz. Um die Genialität seines Filmhelden unter Beweis zu stellen, braucht Vilsmaier mehr als eine gut komponierte Filmmusik (Keith Jarretts *SPHERES, 7th movement*) und professionelle Organisten (Harald Fellern, Heinz Riedmann), die seinen Hauptdarsteller in den Musikszenen doubeln. Die Wirkung, die diese Sequenz auf den Zuschauer ausübt, geht stärker als vom unmittelbaren musikalischen Erleben von intensiven Bildreizen und geschickt inszenierten psychologischen Spannungsmomenten aus. Die Musik ist dabei auch insofern mit im Spiel, als – wie in der Eingangssequenz – Schnitte und Kameraführung genau auf die musikalische Dramatik abgestimmt sind.

Von den Bildinhalten prägen sich die aus wechselnder Perspektive aufgenommenen Großaufnahmen von Elias' Gesicht ein, dessen expressive Mimik und Gestik die wachsende musikalische Ekstase spiegeln, sowie Detailaufnahmen von den Griffen auf dem Manual und den Fußbewegungen auf dem Pedal, vom Ziehen der Register und der Mechanik der Zugruten, die durch die Schnelligkeit der gezeigten Bewegungsabläufe und die Kürze der einzelnen Takes den Eindruck eines rasenden Spiels vermitteln. Psychologisch verstärkt wird die Dramatik des musikalischen Geschehens durch den Blick auf die Reaktion der Zuschauer, die sich von erstauntem Aufhorchen und neugierigem Kopfdrehen über empörte Zwischenrufe und erregte Dispute zu hemmungslosen Begeisterungsstürmen steigert, vor allem aber auch durch die kontrapunktische Einblendung der Gesichter von Peter und Elsbeth, welche (bei Elsbeth in kaum verschobener Einstellung) auf den spielenden Elias gerichtet sind. Neben dem schnellen Wechsel der Einstellungsgrößen (von Halbtotal bis Detail, mit besonderer Nutzung von Nah und Groß) kommt in dieser Sequenz die Variation der Perspektiven (häufiger Einsatz der Froschperspektive, Übersichten aus der Vogelperspektive, langsame Kameraschwenks[231]) in besonderer Weise zum Tragen, durch die Elias' herausgehobene Stellung und das Gerichtetsein der anderen Personen auf ihn herausgehoben werden. Im letzten Teil der Sequenz gibt Vilsmaier dem Orgelspiel nach bewährtem Muster eine zusätzliche kosmische Wirkungsdimension: Die finale Steigerung des Spiels wird begleitet von aufkommendem Wind, der in die Zuhörer fährt und ihre Bewegtheit nach außen trägt und der – christliche Symbolik bemühend – die kreuzförmig angeordneten Lichter am Boden des Kirchenschiffs zum Erlöschen bringt.

Trotz des massiven Einsatzes filmästhetischer Mittel kann letztlich aber auch Vilsmaiers Film nicht das leisten, was schon der Roman dem Leser schuldig bleiben musste: den musikalischen Beweis, dass Johannes Elias Alder der größte Komponist aller Zeiten gewesen sei. Im Film wie im Roman zeigt sich, **daß der hohe kompositorische Rang des Haupthelden ein usurpierter war**[232]. Was im Roman weniger deutlich auffällt, da der Fantasie des Lesers auch keine akustischen Vorstellungsgrenzen gesetzt sind, lässt sich im Film kaum verbergen, sobald die Musik tatsächlich erklingt, auch wenn der Filmemacher dem Zuschauer suggerieren will, dass die Anstrengungen, die das Spiel dem Spieler abverlangt, und die Ovationen des Publikums außerordentliche musikalische Qualität bedeuten.

## 7.3 Der postmoderne Roman und der Neo-Heimatfilm

Bei aller Verschiedenheit der ästhetischen Mittel, die Schneider und Vilsmaier einsetzen, und der daraus resultierenden Unterschiedlichkeit von Roman und Film sind dennoch auffallende strukturelle Parallelen in der Arbeitsweise auszumachen. Sie betreffen die Art und Weise, wie der Autor und der Regisseur mit künstlerischen Vorlagen umgehen und wie sie in diesem Zusammenhang ihre persönliche literarische und filmische Handschrift entwickeln.

Die spielerische Freiheit, die sich Schneider gegenüber der literarischen Tradition erlaubt, nimmt auch Vilsmaier für sich in Anspruch, wenn er die Romanvorlage als Steinbruch für Figuren und Motive verwendet. An die Stelle der zeit- bzw. medienadäquaten Transformation tritt die stoffliche Funktionalisierung des jeweiligen Vorbilds. Das ist bei Schneider, der sich nicht explizit auf andere Autoren und Genres bezieht, weniger offensichtlich als bei Vilsmaier, der in seinem Film direkt der Romanvorlage folgt. Dort, wo sie nachahmen, tun sie es jedoch beide jeweils mit ähnlicher Unbekümmertheit den Vorlagen gegenüber, die auf ein künstlerisches Selbstbewusstsein schließen lässt, das sich nicht der Originalität verpflichtet fühlt. Sie verzichten allerdings beide auch auf Modifizierung der Vorbilder; ihre Auseinandersetzung ist keine kritische.

Die durch diese Form der karnevalistischen, stofforientierten Aneignung stattfindende Trivialisierung wird beide Male bewusst in Kauf genommen. Vilsmaier setzt hier noch fort, was bei SCHNEIDER (vor allem in Bezug auf die Geniethematik) bereits als deutliche Tendenz angelegt ist. Dieser gehaltlichen Reduktion auf der einen Seite begegnen beide durch zusätzliche Dramatisierung des Stofflichen und forcierten Einsatz ästhetischer Mittel. Thematisch und ästhetisch sind sie an jeder Stelle um Wirkung bemüht, sparen nicht, um Roman oder Film Bedeutsamkeit zu geben. Der Film verkraftet diese Monumentalisierung schlechter als der Roman, der sich, abgesehen von den unterschiedlichen medialen Wirkungsmöglichkeiten, die Option der Ironie offenhält, auf die der Film gänzlich verzichtet. Der Neo-Heimatfilm erscheint so als plakative, doch im Grunde konsequente Fortsetzung des postmodernen Romans.

# Unterrichtshilfen

## 1 Didaktische Aspekte

Robert Schneiders Roman *Schlafes Bruder* bietet sich als Schullektüre an, da er einerseits für sich genommen ein fesselndes Stück zeitgenössischer Literatur außerhalb des herkömmlichen Kanons darstellt und andererseits als literarisches Phänomen interessant ist, das einen wichtigen ästhetischen Strukturwandel widerspiegelt. An dem Roman lassen sich sowohl werkspezifische als auch allgemeine ästhetisch-literarische Aspekte und deren Rezeption sehr gut behandeln. Will man – was auf jeden Fall sinnvoll erscheint – beide Fragenkomplexe im Unterricht miteinander verknüpfen, so eignet sich der Roman für die Behandlung in der Sekundarstufe II, sowohl im Grund- als auch im Leistungskurs.

*Schlafes Bruder* gehört – neben Patrick Süskinds *Parfum* – zu den wenigen anspruchsvollen Romanen der Gegenwartsliteratur, die literaturinteressierte Schüler von sich aus lesen und als Lektürevorschlag in den Unterricht einbringen. Das ist auf die außergewöhnliche Popularität, die der Roman gleich nach seinem Erscheinen gewinnen konnte und die durch die Verfilmung noch verstärkt wurde, zurückzuführen. Das hängt aber vor allem damit zusammen, dass der Roman aufgrund seiner Thematik und Struktur jugendlichen Lesern leicht zugänglich ist und ihnen trotz der von der eigenen Realität weit entfernten Sonderwelt ausreichende Identifikationsmöglichkeiten bietet. Die spannend erzählte Handlung befriedigt das jugendliche Interesse an außergewöhnlichen, reizgeladenen Stoffen und ist in ihrem Umfang und ihrer Komplexität so überschaubar, dass sie in einem Zug rezipiert werden kann. Auch die archaisch-stilisierte Sprache verursacht keinen wesentlichen Lesewiderstand, da sie sich in ihrer griffigen Bildlichkeit ohne Probleme an den Alltagsjargon anschließt. Der Bekanntheitsgrad des Romans außerhalb des Rahmens kanonisierter Schullektüre und seine leichte Zugänglichkeit bilden eine wesentliche didaktische Voraussetzung, die die *Lust am Text* fördert und den Weg zu einem *textnahen, poetischen Lesen* (vgl. 2.2) freimacht.

Neben dem packenden Lesestoff gibt der Roman durch seine Machart Einblick in das, was postmoderne Romane vor allem auszeichnet: die Raffinesse ihrer Konstruktion. Dadurch, dass Schneider über seine Erzählerfigur in sehr eindeutiger Weise vorführt, was er tut und vor allem auch, wie er es tut, ist *Schlafes Bruder* vielleicht mehr noch als andere postmoderne Romane geeignet, den Leser erkennen zu lassen, aus welchen narrativen Bausteinen sich der Text zusammensetzt und wie er daraus seine Wirkungen erzielt. In der Rolle des Dekonstrukteurs, der dem postmodernen Konstrukteur und Bastler entspricht, erhellt sich dem Schüler das Nebeneinander verschiedener, zum Teil auch widersprüchlicher Diskurse, die sich nicht in einer verbindlichen Sinndeutung auflösen lassen. Die Art und Weise, wie Schneider in Erzählhaltung und Schreibweise zwischen 19. und 20. Jahrhundert jongliert und seine Erzählerfigur immer wieder neuen Rollen vorführt, macht sichtbar, dass Brüche und Widersprüche integrativer Bestandteil dieser Literatur sind und nicht Beleg für die Interpretationsunfähigkeit des Lesers oder die mindere Qualität des Textes.

Die Verarbeitung tradierter Erzählstoffe und -muster zeigt den Schülerinnen und Schülern darüber hinaus, dass ein literarischer Text immer auch Teil eines übergreifenden Textzusammenhangs ist und sich nicht vornehmlich auf eine außertextliche Realität oder deren Fiktion bezieht, sondern auf bereits sprachlich verarbeitete Wirklichkeit. Indem Schneider diesen Rückgriff auf die Tradition einerseits ganz unverstellt betreibt, ohne Angst vor Klischee und Trivialisierung, und sich andererseits aus unterschiedlichen literarischen Steinbrüchen bedient, legt er wiederum sein Verfahren so deutlich offen, dass der Schüler es durchschauen kann. Die Exotik der Referenzebene (zeitlich und geographisch abgelegene Bergwelt) und die gleichzeitige Vertrautheit der Themen (Genialität – Liebe – Tod) ermöglichen ihm auch die Entwicklung kritischer Distanz.

In Schneiders spielerischem, oftmals ironischem Umgang mit der literarischen Tradition wird den Schülerinnen und Schülern der grundsätzliche Spielcharakter postmoderner Literatur einsichtig. Wichtig ist in diesem Zusammenhang zu zeigen, dass das spielerische Element nicht Ausdruck reinen Unterhaltungsbedürfnisses (von seiten des Autors wie des Lesers) ist, sondern realitätsbezogen in dem Sinne, als es eine zunehmend ästhetisierte Welt spiegelt, in deren mediatisierten Bereichen nicht immer klar zwischen Wirklichkeit und Simulation zu unterscheiden ist. In diesem Sinne vermittelt der Roman auch eine Botschaft, die über die Frage, warum ein Genie immer verkannt ist und die Liebe immer in den Tod führt, hinausgeht.

Darüber hinaus lassen sich an dem außergewöhnlich großen und schnellen Erfolg des Romans in besonders klarer Weise die Mechanismen und Unwägbarkeiten eines modernen Literaturbetriebs ablesen, der auf neue Produktionssituationen und ein verändertes Verhältnis zwischen Literatur und Öffentlichkeit reagiert. Fragen des Zusammenhangs zwischen ästhetischer Qualität eines Werkes, der Reaktion der Literaturkritik und dem kommerziellen Erfolg des Romans können anhand von *Schlafes Bruder* bestens behandelt werden. Die Weiterverarbeitung des Romans, der nicht nur in einer aufwendigen Verfilmung vermarktet wurde, sondern auch als Ballett und Oper zur Aufführung kam, zeigen, in welch flächendeckender Weise sich die Kulturindustrie eines Stoffes bemächtigt, der ökonomischen Erfolg verspricht. In diesem Sinne kann *Schlafes Bruder* auch einen wesentlichen Beitrag zur Medienerziehung leisten.

## 2 Unterrichtsreihen

Die thematische Vielfalt von *Schlafes Bruder* wie die Verschiedenartigkeit der intertextuellen Bezüge erlauben die Integration in eine Reihe übergeordneter Unterrichtssequenzen.

- In Zusammenhang mit der im Roman verarbeiteten Geniethematik kann der Text in eine Unterrichtsreihe gestellt werden, die sich dem Problem des

Künstlers in der Gesellschaft widmet, angefangen von Texten zum Geniebegriff aus der Zeit des Sturm und Drang und Goethes *Faust* über Wackenroders und E.T.A. Hoffmanns romantische Problematisierung der Künstlerfigur (vgl. 3.2) bis hin zu Thomas Manns Desillusionierung in *Doktor Faustus*.

- Der Bezug des Romans zu Motiven (früh)romantischer Dichtung ergibt die Möglichkeit der Einbindung in eine Unterrichtsreihe über die Romantik. Neben dem Geniebegriff lassen sich romantische Themen wie der Absolutheitsanspruch an die Liebe oder die Entgrenzungserfahrung in der Natur sowie Kennzeichen romantischer Ästhetik wie Synästhesie oder Ironie kontrastiv behandeln. Als Vergleichstexte eignen sich romantische Gedichte, Natur- und Liebesgedichte von Novalis, Eichendorff, Brentano oder Mörike.
- Auf der Ebene von Dorfgeschichte und (Anti-)Heimatroman bietet sich eine Sequenz an, die sich mit dem Heimat- und Provinzbegriff in der zeitgenössischen österreichischen Literatur auseinander setzt (vgl. 3.1). Neben Autoren wie Franz Innerhofer (*Schöne Tage*) und Peter Handke (*Wunschloses Unglück*) könnten auch Thomas Bernhard z.B. mit dem Roman über seine Kindheit (*Ein Kind*) oder der Dramatiker Peter Turrini (*Alpensaga*) einbezogen werden.
- Nahe liegend ist darüber hinaus die Betrachtung des Romans im Kontext postmoderner Literatur und der Vergleich mit anderen postmodernen Romanen der deutschsprachigen Gegenwartsliteratur, mit Patrick Süskinds *Das Parfum* und Christoph Ransmayrs *Die letzte Welt* (vgl. Kap. 6).
- Die Verfilmung des Romans kann Teil eines Projekts über die verschiedenen Möglichkeiten von Literaturverfilmung sein, das die unterschiedlichen Varianten von der dokumentarischen Adaption (z.B. die *Faust*-Inszenierungen von Gründgens oder Dorn) über die stofforientierte Adaption (neben *Schlafes Bruder* z.B. Schlöndorffs *Homo faber*) zur analog-filmspezifischen Adaption (z.B. Viscontis *Tod in Venedig*) behandelt.

## 3 Unterrichtssequenz

Die folgenden Vorschläge einer Unterrichtssequenz zu *Schlafes Bruder* orientieren sich, was den Aufbau wie die didaktische Herangehensweise betrifft, eng am Konzept der Interpretation. Dies ermöglicht eine parallele Einarbeitung in den Roman und dessen Behandlung im Unterricht, aber auch eine gezielt ausgewählte Lektüre der Interpretation als Vorbereitung auf die jeweilige Unterrichtseinheit.

Die Sequenz ist für Grund- und Leistungskurs konzipiert. Im Leistungskurs wird man sich (je nach Vorkenntnissen) intensiver als im Grundkurs mit den intertextuellen Bezügen und der postmodernen Charakteristik des Romans auseinander setzen. Auf beiden Niveaus halte ich den Einstieg in die Romanbesprechung über die Erarbeitung unterschiedlicher Lesarten für sinnvoll, um den Roman in seinen Sinndimensionen und Spielmöglichkeiten nicht vorschnell einzuengen. Auch die Auseinandersetzung mit den verschiedenen Erzählhaltungen und Schreibweisen verdient intensiv geführt und im Ablauf der Besprechung vor die thematischen Schwerpunkte gesetzt zu werden. (In einer

11. Klasse kann – unter Verzicht auf das Lesartenmodell – der Roman auch in einer klassischen Reihenfolge besprochen werden.)

Die Angaben zur Stundenanzahl haben Vorschlagscharakter. In der Regel bietet eine Unterrichtseinheit mehr Stoff, als man realistischerweise in einer Unterrichtsstunde erarbeiten kann. Kürzungen innerhalb einer Einheit sind möglich. Für die Gruppenarbeit zu den Lesarten des Romans benötigt man auf jeden Fall mehrere Stunden (3.–5. Std.). Die Unterrichtseinheiten zu Erzähler und Sprache (6., 7./8. Std.) können im Leistungskurs auch ineinander greifend im Zeitraum von 3 Unterrichtsstunden behandelt werden. Wie viel Raum die Filmanalyse einnehmen soll, hängt von der verbleibenden Zeit und den Interessen der Klasse bzw. des Lehrers ab. Vorschlag: Neben der filmspezifischen Analyse ausgewählter Filmsequenzen besteht die Möglichkeit, die Einheiten zu den Figuren des Romans (11.–14. Stunde) in Verbindung mit dem Film, als verglei-

| Stunden | Thema | Didaktische Aspekte (Inhalte/Ziele) |
|---|---|---|
| 1. | Problem der Wahrnehmung: Malerei und Fotografie | 1. Einstieg: Bewusstmachung wahrnehmungsästhetischer Fragen im visuellen Bereich<br>2. Mehrdimensionale Wahrnehmungserfahrungen<br>3. Das Prinzip der Montage in der Fotografie: Verknüpfung heterogener Bildelemente; Enthistorisierung des Dokuments, Aufhebung des Mimesis-Anspruchs, Mehrdimensionalität der Aussage<br>4. Verhältnis von Original und Zitat<br>5. Übertragung auf die Literatur: der Begriff der Intertextualität |

chende Figurenanalyse, zu behandeln. In diesem Zusammenhang müsste man allerdings die Frage des Zeitpunkts der Filmvorführung überdenken. Die häusliche Erstlektüre des Romans wird ca. zwei Wochen vor Beginn der Besprechung aufgegeben.

Verwendete Abkürzungen:

| | | | |
|---|---|---|---|
| A | = Alternative Themen- oder Aufgabenstellung | KRef | = Kurzreferat |
| EA | = Einzelarbeit | LK | = Leistungskurs |
| GA | = Gruppenarbeit | LV | = Lehrervortrag |
| GK | = Grundkurs | PRO | = produktionsorientierte Aufgabenstellung |
| HA | = Hausaufgabe | UG | = Unterrichtsgespräch |

| Methodische Realisierung/ Verlauf | Hausaufgabe |
|---|---|
| 1. UG: persönliche Wahrnehmungserfahrungen: optische Täuschung, Vexierbilder, Hologramme etc.<br>2. Bildbetrachtung: 3-D-Computerbilder des Verlages ars edition: Wie viele Wahrnehmungsebenen erkennen Sie? Wie kommen diese zustande? Welches Bild ist das eigentliche? Welche Rolle spielt der Betrachter? (A: Umkehrbilder. Reichliches Material zur visuellen Wahrnehmung in: Thomas Ditzinger: Fantastische Wahrnehmung. Eine Reise durch das faszinierende Reich der optischen Täuschungen, München: Verlagshaus Goethestraße 1997)<br>3. Bildbetrachtung: Foto-Montagen von Matthias Wähner (in: Fotografie nach der Fotografie. München: Verlag der Kunst 1995) auf der Basis berühmter Dokumentarfotos wie Willy Brandts Kniefall vor dem Warschauer Denkmal des Unbekannten Soldaten oder John F. Kennedys Autofahrt durch ein Spalier jubelnder Menschen in Berlin (in die der Fotograf jeweils seine eigene Person einmontiert): Wie/woran ist das Foto als Montage zu erkennen? Inwiefern verändert sich die Aussage des Originals durch die Montage? In welchem Verhältnis stehen Originalfoto und montiertes Foto zur Wirklichkeit? Welche Rolle spielt in beiden Fällen der Fotograf?<br>4. UG: Kann man das montierte Foto verstehen, wenn man das Original nicht kennt? Inwiefern stellt die Montage den Begriff *Original* in Frage? Wenn man die Montage als das eigentliche Foto betrachtet, welche Funktion kommt dann dem Ausgangsfoto zu?<br>5. LK: Übertragung auf die Literatur: Hinweis auf die Rolle des Zitats; Einführung des Begriffs der Intertextualität; Beispiel aus früheren Unterrichtszusammenhängen (z. B. motivgleiche Fabeln, Dramenadaptionen) | Spurensuche Robert Schneider: Was wissen Sie über diesen Autor (Fernsehauftritte, Interviews, Rezensionen)? |

| Stunden | Thema | Didaktische Aspekte (Inhalte/Ziele) |
|---|---|---|
| 2. | Robert Schneider: Autorenporträt; Literatur und Öffentlichkeit (vgl. Kap. 1) | 1. Die Person Robert Schneider<br><br>2. Literatur und Öffentlichkeit: Publikations- und Rezeptionsgeschichte von Schneiders erstem und zweitem Roman; die Entstehung eines Bestsellers; die Rolle der Literaturkritik |
| 3.–5. | Mögliche Lesarten des Romans (vgl. Kap. 3) | 1. GA (PRO): Erarbeitung von Romanzusammenfassungen unter bestimmten gattungstypologischen Aspekten: a. Heimatroman, b. Künstlerroman, c. Heiligenlegende<br><br>2. Präsentation der Zusammenfassungen: schriftliche Gestaltung und Vortrag<br><br>3. Diskussion der Lesarten<br><br>4. Schneiders Umgang mit der literarischen Tradition: der bewusste Rückgriff auf tradierte Formen und Themen (Intertextualität); die Aufhebung der Gattungsgrenzen; das wirkungsvolle Spiel mit den bekannten Formen |

| Methodische Realisierung/ Verlauf | Hausaufgabe |
|---|---|
| 1a. Betrachtung von Schneider-Porträts: Großporträt des Blessing-Verlags; Porträts aus dem *Stern* (2/98); Porträt und Interview von H. Koelbl; Gespräch über die Wirkung dieser Porträts<br>1b. KRef/LV: Biografie Schneiders: seine Herkunft, das abgebrochene Musikstudium, sein Weg zur Schriftstellerei; Schneider als Dramatiker; die Veröffentlichung des ersten Romans<br>2a. EA: Lesen von Mat. 1 (Ulrich Greiner: Tanz der Vampire)<br>2b. UG: Wie kann ein Bucherfolg inszeniert werden? Welche Rolle spielt in diesem Zusammenhang die Literaturkritik? Sind Schneiders Vorwürfe gegen die Kritik gerechtfertigt? Welchen Zwängen sind Verlage ausgesetzt? Inwiefern spiegelt der Fall Schneider die veränderte Situation des Buchmarkts? | Beendigung der Lektüre von *Schlafes Bruder* |
| 1. GA: Einteilung in 3 Gruppen (a, b, c)*, die den Roman unter jeweils einem thematischen Schwerpunkt (a. Heimatroman: Chronologie, Topographie, Gesellschafts- und Menschenbild, b. Künstlerroman: Geniethematik, Musik-Liebe, c. Heiligenlegende: religiöse Thematik, Tod) bearbeiten und die aus einzelnen Spezialisten bestehen, die für entsprechende Teilaufgaben in der Gruppe zuständig sind: Lektor (Belege und Zitate), Literaturhistoriker (literarhistorische Bezüge), Redakteur (schriftliche Form), Layouter/Illustrator (Lay-out, Schrift, Illustration), Sprecher (Vortrag), Koordinator (Arbeitsorganisation). Der Literaturhistoriker der Gruppe kann durch entsprechende Literaturhinweise unterstützt werden.<br>Arbeitsauftrag: Präsentieren Sie den Roman als a. Heimatroman, b. Künstlerroman, c. Heiligenlegende, indem Sie entweder Titelbild, Umschlagseiten mit ausführlichem Klappentext entwerfen oder Material für eine Pressemappe gestalten.<br>2. Vorstellen der Arbeiten in der Klasse; Vortrag der Inhaltszusammenfassungen; Ausstellung der Arbeiten, die während der ganzen Unterrichtssequenz im Unterrichtsraum präsent bleiben sollen.<br>3. UG: Diskussion über die entstandenen ›Lesarten‹: Welche Lesart kommt Ihrem Ersteindruck am nächsten? Ist eine Lesart einer anderen vorzuziehen? Welche Lesart spricht welche Leser an?<br>4. UG/LK unter besonderer Einbeziehung des Literaturhistorikers: An welche literarischen Vorbilder knüpft Schneider an? Wie geht er mit diesen Vorbildern um? Was macht die Eigenständigkeit des Romans aus (Frage der Epigonalität)? Kann man den Roman verstehen, ohne diese Bezüge zu erkennen? | Schreiben Sie auf einem DIN-A4-Blatt 6–8 Textstellen heraus, in denen in besonders deutlicher Weise die Erzählerfigur präsent ist. |

* Die Bildung der Arbeitsgruppen kann je nach Klassenstärke variiert werden: Bei Kursen mit weniger als 15 Schülern kann die Gruppenstärke durch Verzicht auf einen Spezialisten (z. B. den Koordinator) verringert werden; bei Kursen mit mehr als 15 Schülern können die Gruppen doppelt besetzt werden, was auch einen Vergleich der Ergebnisse erlaubt.

| Stunden | Thema | Didaktische Aspekte (Inhalte/Ziele) |
|---|---|---|
| 6. | Die Figur des Erzählers (vgl. Kap. 4.1) | 1. Der Erzähler als Integrationsfigur |
| | | 2. Der Erzähler als heimliche Hauptfigur |
| | | 3. Die Rollen des auktorialen Erzählers und sein Verhältnis zum Leser: der allwissende Erzähler, der Chronist, der Erzähler-Regisseur, der Moralist, der Vertraute des Lesers |
| | | 4. Brüche und Widersprüche in der Haltung des Erzählers |
| 7./8. | Die Sprache des Romans (vgl. Kap. 4.2) | 1. Identifikation von Schneider-Zitaten im Kontext romantischer und moderner Natur- und Musikbeschreibungen |
| | | 2. Die Wirkung der Schneider'schen Sprache, der Einfluss der Sprache auf den Leseprozess |
| | | 3. Ableitung von für Schneider typischen Schreibweisen und Stilmerkmalen: Bildlichkeit der Sprache, archaische und dialektale Sprachformen, Wortschöpfungen, Formen der Steigerung, Kumulation der Stilmittel |

| Methodische Realisierung/ Verlauf | Hausaufgabe |
|---|---|
| 1. UG im Anschluss an das Gruppen-Projekt: Wie verhindert der Autor, dass durch den Rückgriff auf unterschiedliche literarische Traditionen die Einheit des Romans verloren geht?<br>2a. PRO: Schreiben Sie ein Porträt des Erzählers (10 Min.): Versetzen Sie sich in die Figur des Erzählers; schreiben Sie schnell und lassen Sie Ihren Gedanken/Assoziationen freien Lauf, beschreiben Sie auch Ihre Gefühle ihm gegenüber.<br>2b. (Freiwilliges) Vorlesen einiger Porträts und kurzer Gedankenaustausch. Könnten Sie sich die Erzählerfigur auch als weibliche Figur vorstellen?<br>3. Auswertung der HA und Analyse der Rollen des Erzählers:<br>a. Vorlesen einiger von den Schülern zusammengestellter Textstellen. Welche grundlegende Erzählhaltung nimmt der Erzähler ein? Wie ist das Personalpronomen *wir* zu verstehen?<br>b. PA: Gehen Sie Ihre Textstellen gemeinsam durch und analysieren Sie, in welchen Rollen sich der Erzähler im Einzelnen präsentiert und welche Aufgaben/Funktionen er dadurch übernimmt. Untersuchen Sie die Haltung des Erzählers gegenüber seinen Figuren sowie gegenüber dem Leser.<br>Sammeln der PA-Ergebnisse und Systematisierung an der Tafel.<br>4. UG (ausgehend von der Schwierigkeit einer solchen Systematisierung und den von Schülern eingebrachten Einwänden und Gegenbeispielen): Was interessiert den Erzähler an seiner Geschichte und wie stark ist er gefühlsmäßig involviert? Wo sind Widersprüche in der Haltung des Erzählers zu erkennen? Wie entwickelt sich die Beziehung zum Leser? Ist dieser ein ernst genommener Partner? (Können Sie sich mit diesem Leser identifizieren?) Welche Indizien finden sich im Text, dass der Erzähler auch ein moderner Erzähler ist, der aus heutiger Sicht und mit heutigem Wissen seine Geschichte berichtet? | Wählen Sie aus dem Roman zwei Textpassagen aus: eine, die Ihnen sprachlich besonders gut gefällt, und eine, die Ihnen vom Stil her nicht gefällt. Schreiben Sie die beiden Passagen auf ein DIN-A4-Blatt. |
| 1. PA: Bearbeitung von Mat. 2 (Natur- und Musikbeschreibungen von Schneider, Wackenroder, Hoffmann, Felder, Süskind, Ransmayr). Welche Textstellen stammen von Schneider? Woran erkennen Sie sie? Sind sie eindeutig erkennbar oder gibt es Zweifelsfälle?<br>2. Auswertung der HA im UG: Vorlesen von Textstellen, die sprachlich gefallen bzw. nicht gefallen haben. Begründung der Auswahl: Was fasziniert Sie an Schneiders Stil, was irritiert Sie? Nehmen Sie die Sprache beim Lesen gesondert wahr? In welchen Passagen besonders deutlich? Beeinflusst die Sprache Ihren Leseprozess?<br>3. Auswertung der Identifikationsübung und der HA an der Tafel: für Schneider typische Schreibweisen, systematisiert nach *Inhalt* und *Stil*. | Lesen Sie S. 173–182. Wählen Sie ein oder mehrere eigene Musikbeispiele aus, die die Beschreibung des Konzerts bzw. bestimmter Teile dieser Beschreibung musikalisch unterstreichen könnten (als Kassette mitbringen). |

| Stunden | Thema | Didaktische Aspekte (Inhalte/Ziele) |
|---|---|---|
| 7./8. | | 4. Stilmischung als Prinzip; Erzählsprache vs. Figurensprache; Stilbrüche; der ironische Grundton |
| | | 5. Schreiben im Schneider-Stil |
| 9./10. | Komposition und musikalische Strukturen (vgl. Kap. 4.3) | 1. Der Höreindruck der Musikbeschreibungen<br>2. Möglichkeiten der musikalischen Untermalung des Textes |
| | | 3. Der Bach-Choral »Kömm, o Tod, du Schlafes Bruder«<br>4. Das Problem der sprachlichen Beschreibung von Musik |
| | | 5. Die Bach'sche Fuge<br>6. Der Roman als Fuge; musikalische Formen im Roman, die Musikalität der Sprache |
| | | 7. Die Komposition des Romans: der doppelte Rahmen, die chronologische Entfaltung der Haupthandlung, die Funktion der Digressionen |

| Methodische Realisierung/ Verlauf | Hausaufgabe |
| --- | --- |
| 4. Vertiefung in LK durch UG: Warum wählt Schneider eine bewusst altertümliche Sprache? Welche Funktion und Wirkung haben die Dialektwörter (Beleg durch Lexikon, dass es sich zum Teil um erfundene Dialektformen handelt)? Ist die Sprache des Erzählers identisch mit der Sprache der Figuren bzw. deren Sprachmöglichkeiten? In welchen Bereichen v. a. überschreitet der Erzähler das Sprachniveau und das Sprachwissen seiner Figuren? In welchen Bereichen ist der Erzähler vom Wortschatz her besonders differenziert und erfinderisch? Hält der Erzähler seinen Stil durch? Geben Sie Beispiele für auffallende Stilbrüche. Sind diese gewollt? Wenn ja, welche Wirkungen haben sie? Geben Sie ein Beispiel für den ironischen Unterton des Erzählers.<br>5. PRO: Mat. 3: Füllen Sie die Lücken im Schneider'schen Stil. Vergleichen Sie Ihre Version mit dem Original.<br>A: Beschreiben Sie ein Alltagsgeschehen im Schneider'schen Stil. | |
| 1. Vorlesen der Textstelle 173–182<br>2. Einbeziehung der HA: Vorspielen einiger von den Schülern gewählter Musikbeispiele; kurze Begründung der Auswahl und Diskussion der Wirkung<br>3. Vorspielen des Chorals »Kömm, o Tod, du Schlafes Bruder«<br>4. UG: Vergleich zwischen Musikbeschreibung und Musikdarbietung: Über welche unterschiedlichen Möglichkeiten verfügen Sprache und Musik? Welche Schwierigkeiten tauchen auf, wenn man Musik beschreiben will? Wie gelingt es Schneider, Elias' Musik ›hörbar‹ zu machen?<br>5. KRef: Die Bach'sche Fuge<br>6. UG: Welche Strukturelemente des Romans legen den Gedanken nahe, seine Komposition sei mit einer Fuge vergleichbar? Kennen Sie andere musikalische Begriffe, die Sie mit der Struktur des Romans oder bestimmten Passagen assoziieren? Inwiefern kann man Schneiders Sprache als ›musikalisch‹ bezeichnen?<br>7. GA oder PA: Erarbeiten Sie eine Kompositions-/Aufbauskizze des Romans. | Stellen Sie ein Personenverzeichnis der wichtigsten Personen zusammen, das Sie nach Geschlechtern (Alder – Lamparter) getrennt anordnen.<br>Die Experten der Gruppe a. (vgl. 3.–5. Std., S. 105) bereiten Fragen und Textstellen zum Thema Menschenbild (Dorfgemeinschaft) vor. |

| Stunden | Thema | Didaktische Aspekte (Inhalte/Ziele) |
| --- | --- | --- |
| 11. | Personenkonstellation und Menschenbild (vgl. Kap. 3.1.1 und 5.1.1) | 1. Die Personenkonstellation des Romans; Personenbeziehungen<br>2. Die Figurenkonzeption: Typisierung vs. Individualisierung<br>3. Das Menschenbild (Dorfgemeinschaft): körperliche und geistige Degeneration; Charakter- und Verhaltensdefizite: Starrsinn, Sprachlosigkeit, Aggressivität etc.; emotionale Zerstörung der Familie; Umkehrung der Leitbildfunktion bei kirchlichen und weltlichen Vertretern<br>4. Funktion der Negativzeichnung: Realismus? Gesellschaftskritik? |
| 12./ 13. | Die Kontrastfiguren Elias und Peter (vgl. Kap. 5.1.2) | 1. Elias als typischer Eschberger<br>2. Elias und Peter: äußere Erscheinung<br>3. Die Taufszene: Parallelisierung und Kontrastierung der beiden männlichen Hauptfiguren<br>4. Identifikationsversuch mit einer Figur; Analyse der wechselseitigen Beziehung aus der Perspektive dieser Figur heraus; Verbalisierung von Entscheidungen und Konflikten<br>5. Die Stationen der Beziehung: Peter als Freund, der Pakt, Peters homosexuelle Liebe, Peter als Unterstützer von Elias' musikalischer Entwicklung, Peter als Begleiter in den Tod, Peters Wandlung |

| Methodische Realisierung/ Verlauf | Hausaufgabe |
|---|---|
| 1. GA oder PA: Erarbeiten Sie, ausgehend von Ihrem nach Geschlechtern differenzierten Personenverzeichnis (HA), eine Skizze der Personenkonstellation. Machen Sie die Beziehung der wichtigsten Personen untereinander grafisch deutlich.<br>2. UG (nach Vergleich und Diskussion der Ergebnisse): Inwiefern ändert sich die Konzeption der Hauptfigur, je nachdem, ob man sie als Mitglied der Dorfgemeinschaft, der Figurentrias oder als Einzelperson betrachtet? Wie viel Eigenständigkeit erlaubt der Erzähler seinen Figuren? Behandelt er sie gleich?<br>3. UG (unter Leitung der Expertengruppe a. über das Menschenbild): Ausgehend von einer emotional gestellten Leitfrage (Was ist das Erschütternde an den von Schneider vorgeführten Menschen?) sollten folgende Aspekte von der Expertengruppe angesprochen und gemeinsam am Texte belegt werden: das äußere Erscheinungsbild der Dorfbewohner; ihre hervorstechendsten Charaktereigenschaften; die Situation in der Familie, die kirchlichen Vertreter; Lehrer und Förderer; das Frauenbild.<br>4. Diskussion: Inwieweit ist dieses Gesellschafts- und Menschenbild realistisch? Wo und wie stark nimmt der Erzähler Anteil? Ist Schneider identisch mit dem Erzähler? Inwiefern geht es Schneider um Gesellschaftskritik? Wo ergeben sich Bezüge zur (österreichischen) Gegenwartssituation? | PRO: Sie möchten für ein Fernsehspiel die Rollen von Elias und Peter besetzen. Beschreiben Sie in einem kurzen Text, wie die Schauspieler aussehen und welche Ausstrahlung sie haben sollen. |
| 1. UG (im Anschluss an die vorhergehende Stunde): Inwiefern ist Elias nicht nur Außenseiter, sondern auch typischer Eschberger? Was verbindet ihn mit den Dorfbewohnern?<br>2. Auswertung der HA: Vorlesen einzelner Arbeiten.<br>3. UG: Inwiefern wird in der Taufszene die Konstellation der beiden Figuren vorgezeichnet?<br>4. Rollenspiel (PRO): Jeder Schüler der Klasse versetzt sich in die Rolle einer der beiden männlichen Hauptfiguren. Für jeweils eine wichtige Begegnung zwischen Elias und Peter (gemeinsam in der Klasse auswählen) stellt sich ein Elias-Peter-Paar zur Verfügung, das (wie auf einem Podium vor der Klasse sitzend) von den anderen Schülern der Klasse befragt wird: nach seinen Beweggründen, Gefühlen und Gedanken in der jeweiligen Situation. Durch das Frage-Antwort-Spiel kann das Verhalten der beiden Figuren in der jeweiligen Situation durchgespielt und reflektiert werden. Es können dadurch auch Entscheidungsprozesse und Probleme verbalisiert werden, über die die Figuren im Roman nicht sprechen.<br>5. Auswertung des Rollenspiels und resümierendes UG: Wer dominiert in der Beziehung? Warum distanziert sich Elias nicht von Peter, als er dessen Verbrechen erkennt? Inwiefern hindert und fördert Peter Elias? Inwieweit beeinflusst Elias' Liebe zu Elsbeth das Verhältnis? Welche Rolle spielen Sprachlosigkeit und Schweigen? Welche Funktion übernimmt Peter in den letzten Tagen des Elias? Worauf ist die Wandlung Peters zurückzuführen? | Lesen von S. 80–84 und 156–159 |

| Stunden | Thema | Didaktische Aspekte (Inhalte/Ziele) |
| --- | --- | --- |
| 14. | Elias als genialischer Außenseiter; Meistenteils und Köhler Michel als kontrastierende Nebenfiguren (vgl. Kap. 5.1.3) | 1. Elias aus der Sicht der Dorfbewohner: Stigmatisierung und Verteufelung<br>2. Elias' Sozialisation und musikalische Entwicklung: die Rolle der Eltern; der Einfluss des Onkels Oskar Alder auf Elias' künstlerische Entwicklung; die ambivalente Rolle des Domorganisten Goller<br><br>3a. Die Figur des Meistenteils als eigenständige Romanfigur<br><br>3b. Die Figur des Meistenteils als Parallel- und Kontrastfigur<br>4. Die Figur des Köhler Michel |
| 15. | Thematische Zusammenhänge: Musik und Liebe, Liebe und Tod (vgl. Kap. 3.2.1 und 5.2.1) | 1. Der Zusammenhang von Musik und Liebe<br><br>2. Der Zusammenhang von Liebe und Tod<br><br>3. Der Tod als zentrales Romanthema: die unterschiedlichen Erscheinungsformen von Tod; das Problem der Beschreibung |
| 16. | Motivverknüpfungen, Vertextungsstrategien (vgl. Kap. 5.2.2) | 1. Analyse der Motive Feuer, Wasser und Stein und ihrer Vernetzung im Text<br><br>2. Erzählerische Funktion der Motivverknüpfungen |

| Methodische Realisierung/ Verlauf | Hausaufgabe |
| --- | --- |
| 1. UG: Worin zeigt sich für die Dorfbewohner Elias' Andersartigkeit? Wie verhalten sie sich?<br>2. Wie reagieren die Eltern auf Elias' Begabung? Wie unterscheiden sich Mutter und Vater? In welcher Hinsicht ähneln sich Oskar Alder und Goller? Was macht die ›Tragik‹ Oskar Alders aus? Inwieweit ist sich Elias seiner musikalischen Bedeutung bewusst? Aus welchen Quellen speist sich seine künstlerische Entwicklung?<br>3a. EA: Lesen von Mat. 4 (Auszug aus der Vorstudie: Geschichte des Meistenteils): Welche Züge gehen in die endgültige Romangestalt ein? Worauf verzichtet Schneider im Roman? Welche Elemente gehen in eine andere Biografie ein? Was lässt sich daraus für Schneiders Figurenkonzeption ableiten?<br>3b. Inwiefern ist Meistenteils zugleich Parallel- und Kontrastfigur?<br>4. UG: Welche Rolle spielt der Köhler Michel im Roman? Was unterscheidet seine Biografie von der aller anderen Eschberger? | Die Experten der Gruppe b. bereiten Fragen und Textstellen zum thematischen Zusammenhang von Musik und Liebe, die der Gruppe c. zum thematischen Zusammenhang von Liebe und Tod vor (zu den Gruppen vgl. 3–5. Std., S. 105). |
| 1. UG (unter Leitung der Expertengruppe b): Folgende Aspekte sollten zur Sprache kommen: die musikalischen Stationen des Elias; die Liebe als Inspirationsquelle; Elsbeth als Muse; die Wirkung von Elias' Musik; der Konflikt Liebe – Musik<br>2. UG (unter Leitung der Expertengruppe c): Folgende Aspekte sollten behandelt werden: der Zusammenhang von Schlaf – Liebe – Tod; Elias' Todessehnsucht; Elias' Entschluss zu sterben und die Inszenierung seines Todes.<br>3. UG: Das Thema Tod als zentrales Romanthema: Welchen Stellenwert haben Gesundheit bzw. Krankheit und Debilität? Welche Todesarten spielen im Roman eine Rolle? Wie beschreibt der Erzähler Todesszenen? Welche Wirkung üben diese Beschreibungen auf den Leser aus? | Stellen Sie Textstellen zu den Motiven Feuer, Wasser, Stein zusammen (aufgeteilt nach Gruppen als Vorbereitung auf die GA). |
| 1. GA: Einteilung der Schüler in Gruppen, die sich jeweils mit einem Motiv (Feuer, Wasser oder Stein) und dessen Vernetzung im Text beschäftigen.<br>Aufgabenstellung: Stellen Sie die wichtigsten Textstellen zusammen (vgl. HA); ordnen Sie diese nach strukturellen Kriterien (Wiederholung, Variation, Transformation, Umkehrung etc.) und/oder durch Zuordnung zu bestimmten Figuren; verfertigen Sie eine ›Motivvernetzungskarte‹ (DIN-A3-Seite), die die Motivverteilung graphisch sichtbar macht; tragen Sie in diese Vernetzungskarte die wichtigsten Textstellen/Zitate ein.<br>2. Plenum, UG: Stellen Sie Ihre Karte vor und erläutern Sie die wichtigsten Motivverkettungen. Welche Funktion hat erzählerisch das enge Motivnetz? | Fakultative PRO: Schreiben Sie eine Anklagerede über die Fehler und Versäumnisse gegenüber dem nicht erkannten Genie, die der Ortsvorsteher Peter Alder zu Elias' 10. Todestag vor der Gemeinde hält (auch Klausurvorschlag 9). |

Additum LK

| Stunden | Thema | Didaktische Aspekte (Inhalte/Ziele) |
| --- | --- | --- |
| 17./ 18. | Vergleich von *Schlafes Bruder* und *Das Parfum* (vgl. Kap. 6.1.1) | 1. Der Zusammenhang von U- und E-Literatur<br>2. Süskind: *Das Parfum*<br>3. Ähnlichkeiten zwischen *Schlafes Bruder* und *Das Parfum*<br>4. Ein postmoderner Roman als Filmvorlage |
| 19. | *Schlafes Bruder* und *Das Parfum* als postmoderne Romane (vgl. Kap. 6.1) | 1. Charakterisierung der literarischen Postmoderne<br>2. *Schlafes Bruder* und *Das Parfum* als postmodern etikettierte Romane<br>3. Kritische Fragen an die postmoderne Literatur |
| 20.– 23. | Die Verfilmung des Romans (vgl. Kap. 7) | 1. Einstieg in das Problem der Verfilmung<br>2. Gestaltung der Eingangsszene<br>3. Vorführung des Films<br>4. Analyse ausgewählter Sequenzen unter filmästhetischen Gesichtspunkten: »Hörwunder«- und »Orgelwunder«-Sequenz<br>5. Vergleich der Möglichkeiten und Grenzen der Medien Literatur und Film, v. a. bezüglich der Darstellung irrealer und musikalischer Vorgänge |

| Methodische Realisierung/ Verlauf | Hausaufgabe |
| --- | --- |
| 1a. Vorlesen von Mat. 5 (Patrick Süskind: Der Zwang zur Tiefe)<br>1b. UG: Welchen Zusammenhang könnte man zwischen diesem Text und Schneiders Roman herstellen? Kann ein Roman gleichzeitig unterhaltend und tiefgründig sein?<br>2. KRef: Patrick Süskind: *Das Parfum* (Inhalt)<br>3. Welche inhaltlichen Parallelen sehen Sie zwischen dem *Parfum* und *Schlafes Bruder?* Inwiefern ist die Art zu schreiben vergleichbar?<br>4. UG (als Hinführung auf die Verfilmung [wenn die nächste Stunde entfällt]): Schneiders Roman wurde bald nach seinem Erscheinen verfilmt, Süskinds Roman bisher noch nicht. Welche Schwierigkeiten stellen sich einer Verfilmung von *Das Parfum* entgegen? Gibt es vergleichbare Schwierigkeiten in Bezug auf *Schlafes Bruder?* Was mag den Regisseur (Vilsmaier) an *Schlafes Bruder* als Filmvorlage besonders gereizt haben? | Lesen von Mat. 6 (Wittstock) |
| 1. GA im Zusammenhang mit der HA: Was sind nach Wittstock die wesentlichen Kennzeichen postmoderner Literatur? Auf welche gesellschaftlichen Veränderungen reagiert die postmoderne Literatur? Stellen Sie eine gedankliche Verbindung zu Mat. 5 her.<br>2. UG (als abschließender Einordnungsversuch): Inwiefern hängen die Ähnlichkeiten zwischen *Schlafes Bruder* und *Das Parfum* mit dem postmodernen Charakter der beiden Romane zusammen? Wie lässt sich der Erfolg beider Romane in diesem Zusammenhang erklären? Was erfahren wir über unsere heutige Wirklichkeit aus diesen Romanen? Inwiefern kann man postmoderne Romane kritisch sehen?<br>3. PA (PRO): Fiktives Interview mit Schneider zum Thema *Postmoderne:* Skizzieren Sie mögliche Fragen und Antworten; arbeiten Sie als Interviewer auch Ihre persönliche Einschätzung des Romans mit ein. | |
| 1. (PRO) GA oder PA (vor der Vorführung des Films): Welche Szene würden Sie als Eingangsszene für einen Film zum Roman wählen? Skizzieren Sie Raum, Figuren, Bildfolge, evtl. Dialog, Musik.<br>2. UG: Vergleich und Diskussion der Ergebnisse<br>3. Vorführung des Films<br>4. UG (nach wiederholter Vorführung der »Hörwunder«- und »Orgelwunder«-Sequenz): Wie nutzt Vilsmaier die Möglichkeiten der Kamera? Welche Einstellungen und Perspektiven bevorzugt er? Wie sind die Bildfolgen geschnitten? Wie ist Musik eingesetzt? Welche Wirkungen erzielt Vilsmaier dadurch?<br>5. UG: Welches Medium erweist sich bei der Gestaltung irrealer Vorgänge (»Hörwunder«-Sequenz) als wirkungsvoller? Warum? Kann der Film die musikalische Genialität des Elias glaubhafter machen als der Roman? Begründen Sie. Vilsmaier verlässt sich in der »Orgelwunder«-Sequenz nicht allein auf die Wirkung der Musik: Wodurch unterstreicht er deren Wirkung noch? | |

## 4 Klausurvorschläge

1. Aufgabe: Textanalyse (GK/LK)
   Textstelle: S. 76 (**Dann sahen alle** […]) – S. 78 ([…] **denn Gott war noch lange nicht fertig mit ihm.**)
   a. Ordnen Sie die Textstelle in den bisherigen Kontext ein und zeigen Sie ihre Bedeutung für den Gesamtzusammenhang des Romans.
   b. Analysieren Sie auffällige sprachliche Merkmale dieser Passage und beschreiben Sie deren Wirkung auf den Leser.
   c. Charakterisieren Sie – ausgehend von dieser Textstelle – die Haltung des Erzählers gegenüber seinem Stoff und seinen Figuren.

2. Aufgabe: Textanalyse (GK/LK)
   Textstelle: S. 172 (**In der Zwischenzeit** […]) – 176 ([…] **das Gewicht der Erde zerrte ihn nicht länger nieder.**)
   a. Beschreiben Sie den Aufbau der Passage.
   b. Welche Bedeutung hat die Musik für Elias; welche Wirkung übt sie auf die Zuhörer aus?
   Wie gelingt es dem Autor, Elias' Musik ›hörbar‹ zu machen?

3. Aufgabe: Textanalyse (LK)
   Textstelle: S. 196 (**So zog die sechste Nacht in den Wald** […]) – S. 199 ([…] **einer nunmehr unbedeutenden Welt.**)
   a. Charakterisieren Sie die unterschiedlichen Haltungen, die der Erzähler in dieser Passage einnimmt.
   b. Zeigen Sie, wie der Erzähler wichtige Themen und Motive noch einmal anklingen lässt und zusammenführt.
   c. Leiten Sie aus dieser Einsicht Grundzüge des Kompositionsverfahrens ab.

4. Aufgabe: Übergreifende Textanalyse/Literarische Erörterung (GK)

   **Wenn er abends zum Nachtbrot aus dem Gaden hervorkroch, setzte er sich stumm an seinen Platz beim schweren Eichentisch, schlürfte unhungrig von der Einbrennsuppe und sprach keine einzige Silbe. Wir wünschten, ein Maler hätte die ewig gleichförmige Episode beim Alderschen Nachtmahl festgehalten: Durch die kleinen, südseitigen Küchenfenster fließt milchweißes Abendlicht. Die Seffin in ihrer blauen Schürze löffelt mit gichtigen Händen Suppe in den verzogenen Mund ihres Mannes. Philipp, der Idiot, rollt die Augen, und Fritz schlägt eben das Kreuz über die Stirn.** (159)

   Analysieren Sie – ausgehend von diesem Familienbild – Elias' familiäre Situation: Stellen Sie seine Beziehung zu den einzelnen Familienmitgliedern dar und zeigen Sie, inwiefern diese Familiensituation typisch für die Eschberg-Welt ist.

5. Aufgabe: Charakteristik/Literarische Erörterung (GK)
   a. Charakterisieren Sie die Figur des Meistenteils.
   b. Zeigen Sie ihre Bedeutung für den Gesamtzusammenhang des Romans.
   c. Weisen Sie nach, dass er sowohl Parallel- als auch Kontrastfigur zu Elias ist.

6. Literarische Erörterung (LK)
   Analysieren Sie die unterschiedlichen Formen der Sprachlosigkeit, die die Schneider'schen Figuren charakterisiert und zeigen Sie anhand ausgewählter Situationen auf, welche Auswirkung diese für die Menschen hat.

7. Literarische Erörterung (LK)

   **Vielleicht muß sogar die fundamentale Dichotomie [...] zwischen konsumorientiertem und provokatorischem Werk in einer anderen Perspektive neubestimmt werden, ohne daß sie damit an Gültigkeit zu verlieren braucht: Ich glaube nämlich, daß es möglich sein wird, Elemente von Bruch und Infragestellung auch in Werken zu finden, die sich scheinbar zu leichtem Konsum anbieten [...]** (Umberto Eco)

   Erörtern Sie, inwiefern man Ecos These auf Schneiders Roman *SCHLAFES BRUDER* beziehen kann.

8. Produktionsorientierte Aufgabe (GK/LK)[233]
   Wählen Sie eine tragisch endende Nebenfigur und schreiben Sie das Ende ihrer Lebensgeschichte positiv um (ohne die Figur insgesamt völlig zu verändern) *oder*:
   Schreiben Sie das Schicksal des Köhler Michel um, indem Sie seine Biografie entsprechend der der meisten anderen Eschberger gewaltsam enden lassen.

9. Produktionsorientierte Aufgabe (GK/LK)
   Schreiben Sie eine Anklagerede über die Fehler und Versäumnisse gegenüber dem nicht erkannten Genie, die der Ortsvorsteher Peter Alder zu Elias' 10. Todestag vor der Gemeinde hält.

## 5 Materialien

**Material 1** **Ulrich Greiner: Tanz der Vampire.**
**Was man aus dem Erfolg von Robert Schneiders »Luftgängerin« lernen kann – Ein paar Beobachtungen zum veränderten Verhältnis von Literatur und Öffentlichkeit**

Die vertraute Landschaft der Bücher verändert sich. Der Verkauf der amerikanischen Verlagsgruppe Random House an Bertelsmann zeigt, wie die Konzerne auf eine simple Tatsache reagieren: der Buchmarkt ist begrenzt. Da aber Wachstum das ewige Gesetz des Wirtschaftens zu sein scheint, entsteht ein Verdrängungswettbewerb. Er verlangt die Ausdehnung und Beschleunigung der Produktion. Die Beschleunigung verändert die Wahrnehmung von Literatur, sie verändert auch die Literaturkritik.

Nehmen wir als jüngstes Beispiel den Fall Robert Schneider. Als sein zweiter Roman *Die Luftgängerin* am 5. Januar dieses Jahres erschien, gab es einen Hagelsturm zorniger Verrisse. In einem Interview, erschienen in der *Süddeutschen Zeitung* vom 4. Februar, antwortete Schneider auf die Frage, ob es wahr sei, daß er eine Million Vorschuß erhalten habe und daß ihm für die Lesereisen ein Wagen mit Chauffeur zugesichert worden sei: »Einen Chauffeur gibt es nicht. Garantiesummen zu verhandeln ist gang und gäbe. Es geht darum, daß ein Schriftsteller wieder sagt: Ich bin der König – nicht der Verleger, nicht der Lektor, nicht die Kritiker. Das sind Vampire, die am Erfolg oder Mißerfolg eines Buches saugen und nur deshalb erfolgreich sind, weil die Bücher existieren. Sie alle haben sich gefälligst wieder der Literatur mit mehr Demut zu nähern!« Und in einem Interview, das die Münchner *Abendzeitung* mit ihm führte, sagte er über seine Kritiker: »Es ist der blanke Neid. Ich glaube, daß die Literaturkritik im Untergehen ist. So wie sie besteht und bestand, kann sie nicht mehr funktionieren.«

Der Verlag Karl Blessing, der zum Bertelsmann-Konzern gehört, hat am Beispiel der *Luftgängerin* vorgemacht, wie sich ein Bucherfolg inszenieren läßt. Der 1961 geborene Robert Schneider war mit seinem ersten Roman *Schlafes Bruder* plötzlich bekannt geworden. Erschienen 1992 im Reclam Verlag Leipzig, erreichte das Buch bis heute eine Auflage von 1,3 Millionen. Als er sich entschloß, die *Luftgängerin* zu veröffentlichen, mag dem Blessing Verlag die folgende Überlegung vor Augen gestanden haben: Der Roman war gescheitert. Er war sogar derart schlecht, daß eine nachbessernde Lektoratsarbeit wenig ausrichten und nur Geld kosten würde. Aber: Alle Wahrscheinlichkeit sprach dafür, daß von den 1,3 Millionen Buchkäufern des ersten Romans ein nennenswerter Teil auch den zweiten Roman kaufen würde – und dies um so mehr, als *Schlafes Bruder* von Josef Vilsmaier erfolgreich verfilmt worden war.

Natürlich muß auch den anderen Verlagen dieser Gedanke gekommen sein. Daß sie ihm nicht folgten, mochte zwei Gründe haben. Erstens gibt es immer noch Verlage, die einen Ruf zu verlieren haben und schlechte Bücher selbst dann nicht publizieren, wenn sie Erfolg versprechen. Zweitens war klar, daß dieses offenkundig mißratene Buch nur mit einem Überraschungsangriff zum Erfolg geführt werden konnte, und das wiederum würde einen ausreichend hohen Werbeetat voraussetzen.

Die Kampagne für die *Luftgängerin* lief so ab, daß der Verlag bereits im Herbst 1997 den Roman ankündigte und erhebliche Werbemittel dafür einsetzte. Zur Frankfurter Buchmesse verbreitete man gebundene Leseexemplare. Das Buch war also fix und fertig. Man ließ es aber nicht etwa zur Messe erscheinen, sondern wählte einen ungewöhnlichen Auslieferungstermin: den ersten Verkaufstag im neuen Jahr. Diese Zeit gilt als umsatzschwach, in dieser Zeit verschicken die Verlage ihre Frühjahrsprogramme und bereiten die Auslieferung der neuen Titel für die Monate Februar und März vor.

Wer einen derart ungünstigen Termin wählt, muß eine mächtige Bugwelle an Erwartung erzeugen. Dies gelang dem Verlag, und er erntete dafür den entscheidenden Vorteil, den jeder erntet, der Wind macht in einer windstillen Zeit. Bis heute sind mehr als 200 Rezensionen erschienen, das Buch steht auf der Bestsellerliste, und die Auflage beträgt 85 000 Exemplare.

Hat es einen ähnlichen Fall je gegeben? Günter Grass hat sich mit seinem *Weiten Feld* gegen eine weithin ablehnende Kritik durchgesetzt. Aber Grass ist ein international berühmter Mann und Autor eines beeindruckenden Œuvres. Auch sind wir es gewohnt, daß Unterhaltungsschriftsteller wie Grisham oder Crichton Erfolge erzielen – völlig jenseits der Kritik. Robert Schneider jedoch ist zunächst den herben Weg eines jeden literarischen Neulings gegangen. Sechsundzwanzig Verlage haben das Manuskript von *Schlafes Bruder* abgelehnt, bis endlich Reclam Leipzig das Buch machte und viertausend Exemplare druckte. Es war damals die seriöse Literaturkritik, die Robert Schneiders Erstling freundlich begrüßte, es waren die Rezensenten, die ihm den Weg in die Öffentlichkeit bahnten. Und jetzt diese schreiende Undankbarkeit. Das Mündel will Vormund sein.

Was lernen wir daraus? Ist die Literaturkritik tatsächlich am Ende? Wir wissen, daß Schriftsteller dazu neigen, ausfällig zu werden. Die Literaturgeschichte ist voller Beispiele. Rolf Dieter Brinkmann hat einmal während einer öffentlichen Diskussion nach einem Maschinengewehr verlangt, um den Kritiker Marcel Reich-Ranicki niederzumähen. Und was war die Folge? Brinkmann ist tot, und Reich-Ranicki lebt.

Wir könnten also über Robert Schneiders Wutanfall hinweg- und zur Geschäftsordnung übergehen, gäbe es nicht Anzeichen dafür, daß wir genauer hingucken sollten, wenn wir von Literaturkritik reden. Was hat es zu bedeuten, daß 200 Rezensenten wie die Pawlowschen Hunde aufspringen, wenn der Blessing Verlag ihnen die Knochen der *Luftgängerin* hinwirft?

Die Antwort lautet, daß es sich in den meisten Fällen überhaupt nicht um Literaturkritik handelt. Die klassische Rezension ist weithin ersetzt durch den schnellen Buchtip, durch die literarische Verbraucherberatung, Daumen rauf oder runter. Und für diesen Daumen interessiert sich kein Schwein, wenn das betreffende Buch längst nicht mehr auf den Tischen der Buchhandlungen liegt. Bücher, die sich nicht innerhalb von vier Wochen behauptet haben, verschwinden ins Regal und werden remittiert. Weil das so ist, dürfen Buchtip und Auslieferungstermin nicht zu weit auseinanderfallen.

Von diesem Mechanismus ist auch die Literaturkritik, wie sie in den Feuilletons erscheint, direkt betroffen, weil der Umfang der Literaturteile unmittelbar abhängt von der Menge der Verlagsanzeigen für neuerschienene Bücher. Da die Verlage ihre Anzeigen fast nur noch parallel zum Auslieferungstermin schalten, geraten auch die Literaturredaktionen unter das Diktat des Ex und Hopp: Was heute nicht geht, das geht nimmermehr. Was in den Beilagen, die im Frühjahr und im Herbst erscheinen, keinen Platz findet, ist verloren.

(aus: *Die Zeit*, 23. April 1998, S. 41 f.)

**Material 2** **Natur- und Musikbeschreibungen**

Welche Zitate stammen von Schneider?

1. Der Nebel hing so dicht auf die Häuser herab, als ob er sich in den Ästen der die Dörfer des Bregenzerwaldes umgebenden Tannenwälder verwickelt habe und gar nicht mehr fortkommen könne.
2. Den ganzen Nachmittag schwappte der Nebel herauf [...] Der Nebel gefror in den Wäldern, zog eisige Fäden von den Zweigen und beschlug die Rinde der Tannen südseitig. An diesem Nachmittag lagen sich Mond und Sonne gegenüber.
3. Düstere Wolken zogen daher und warfen breite Schatten über das Gebirge, über den Wald, wie schwarze Schleier. Ein dumpfer Donner dröhnte im Morgen, stärker sauste der Nachtwind, rauschten die Bäche, und dazwischen schlugen einzelne Töne der Wetterharfe an wie ferne Orgelklänge, aufgescheucht erhob sich das Geflügel der Nacht und schweifte kreischend durch das Dickicht.
4. Es geschah in einer lauen Novembernacht zur Zeit des vollen Mondes. Das sind die Nächte, in denen sich der Sommer gegen den Herbst aufbäumt und den Menschen ein unruhiges Herz macht, vielleicht, daß doch noch ein Suchender wie sie zu finden sei. Das Dorf lag im Vormitternachtsschlaf, die Wälder warfen riesenhafte Schatten in die vom Mondlicht blauschimmernden Bündten.
5. Draußen geht der Föhn, heult in den Wipfeln, tanzt wie ein Kind über die Bündten, bricht kleine Zweige, einen morschen Ast, bläst in das trockene Laub, fegt es an die Schwellen der Häuser.
6. In den Flammen des Abendrots stand das ferne Gebirge, und der goldne glühende Widerschein gleitete spiegelnd über den Wiesenplan, durch die Bäume, durch die Büsche, wie getrieben von dem Abendwinde, der sich säuselnd erhoben.
7. [...] Nach und nach bildete er sich durch den oft wiederholten Genuß auf eine so eigene Weise aus, daß sein Inneres ganz und gar zu Musik ward, und sein Gemüt, von dieser Kunst gelockt, immer in den dämmernden Irrgängen poetischer Empfindung umherschweifte.
8. [...] und setzte sich selbst, vor Begeisterung glühend, an die Orgel, um die Direktion des vortrefflichen Musikstücks zu übernehmen. Demnach kam es, wie ein wunderbarer Trost, in die Herzen der frommen Frauen, [...] die Beklemmung selbst, in der sie sich befanden, kam hinzu, um ihre Seelen, wie auf Schwingen, durch alle Himmel des Wohlklangs zu führen; das Oratorium ward mit der höchsten und herrlichsten musikalischen Pracht ausgeführt; es regte sich, während der ganzen Darstellung, kein Odem in den Hallen und Bänken; besonders bei dem salve regina und noch mehr bei dem gloria in excelsis, war es, als ob die ganze Bevölkerung der Kirche tot sei.
9. Für Augenblicke schien es ihm gelungen, die Geister dieser mannigfaltigen Menschen in einen einzigen Geist zu verschmelzen. Denn es entstand im Dom eine derart unheimliche Stimmung, als ahnten das Kind und der Greis zu gleicher Zeit: der Tod ist in diesen Mauern [...] In den Gesichtern der Menschen stand plötzlich Wahres zu lesen. Die Masken waren herabgeschmolzen und ein numinoses Stilles lag auf jedem Antlitz, und an den Zügen konnte man ergründen, auf welche Weise jeder mit der Stimme des Todes fertigzuwerden suchte. Welch ein Schauspiel der Hilflosigkeit!
10. Eine Apotheose des Himmels wollte er malen und eine Engelsleiter, welche unablässig höher in den Zustand des Paradiesischen führte, wo das irdische Licht schwächer und der Glanz der Vollendung immer breiter und leuchtender

wurde. Die Musik glich einem riesigen, sich schnell dahinwälzenden Wasser, das stetig größer und voller wurde und schließlich in der Ewigkeit des Meeres endete.

11. Erwartungsvoll harrte er auf den ersten Ton; – und indem er nun aus der dumpfen Stille, mächtig und langgezogen, gleich dem Wehen eines Windes vom Himmel hervorbrach, und die ganze Gewalt der Töne über seinem Haupte daherzog, – da war es ihm, als wenn er auf einmal seiner Seele große Flügel ausgespannt, als wenn er von einer dürren Heide aufgehoben würde, der trübe Wolkenvorhang vor den sterblichen Augen verschwände, und er zum lichten Himmel emporschwebte.

(Lösungen: 1. Felder, 2. Schneider, 3. Hoffmann, 4. Schneider, 5. Schneider, 6. Hoffmann, 7. Wackenroder, 8. Kleist, 9. Schneider, 10. Schneider, 11. Wackenroder)

**Lückentext: Schneider-Zitate** **Material 3**

Die Aufgabe, Leben und ............................ der Lamparter und Alder in einem Buch ............................, die Vermischung beider Geschlechter mit ............................ Feder in hundert sich ............................ Strichen glücklich zu entwirren, die körperlichen ............................, den ............................ Kopf, die ............................ Unterlippe im ............................ Kinn als gesundes ............................ zu verteidigen, diese Aufgabe mag sich ein Freund der ............................ stellen, der sich um eine ............................ Kenntnis seiner Vorfahren bemüht. Trotzdem wäre es in allem ............................ Zeit, die Geschichte der Eschberger Bauern zu beschreiben, das armselige ............................ ihres Jahresablaufs, ihre ............................ Händel, ihren ............................ fanatischen Glauben, ihren nicht zu ............................ Starrsinn gegen die Neuerungen von draußen, hätte nicht zu Beginn des 19. Jahrhunderts ausgerechnet ............................ der Alder ein Kind mit einer ............................ Musikalität hervorgebracht, die im wahren Sinn des Wortes ............................ war, und, wie es scheint, im Vorarlbergischen auch nicht wieder ............................ werden wird. Ein Kind mit Namen Johannes Elias.

(aus: Robert Schneider, *Schlafes Bruder*, Leipzig: Reclam 1994, S. 12 f.)

**[Auszug aus der Vorstudie] »Der lachende Lamparter«** **Material 4**

In der steilsten Waldschneise von Eschberg klebte ein winziger Bauernhof, der ob seines reichen Zierats und äußeren Schnitzwerks mehr begehrt als bewundert wurde. Das Höflein war so geschickt angelegt, daß dort die Sonne nie ausging. Die Küche guckte nach Osten, die Stube und der Gaden nach Westen. Oft hat der Meistenteils damit geprahlt, daß ihm am Morgen die Sonne auf den Käse scheine und abends meistenteils auch. Das ist aber lange her, denn nach seiner Entlassung aus dem Gefängnis mochte er die Sonne nicht mehr sehen. Er lebte seither bei Nacht.

Das Häuschen lag geborgen in der obersten Ecke der Schneise, und nicht einmal der gröbste Föhnsturm hat ihm je eine Schindel ausgerissen oder einen Fensterladen abgeschlagen. Darum wurde der Meistenteils ebenfalls beneidet. Denn es gab welche, die, ehe sie den eigenen Schaden bemaßen, erst einmal zum Fuß der Lichtung schlichen, zu sehen, was der Sturm hoffentlich droben angerichtet hätte. Sie mußten fluchen und zu Boden spucken, hätten dem Meistenteils allzu gern wenigstens eine

Scheibe zerbrochen, ehe sie damit anfingen, das Dach ihres Hofes neu zu schindeln. Sie stiegen aber nicht hinauf, weil sie wußten, daß der Aufstieg derart beschwerlich war, der Pfad derart steil hinan ging, daß selbst einem Waghalsigen schwindlig werden konnte, wenn er sich umblickte.

Oft hat Meistenteils damit geprahlt, die Sankt Elisabeth – so nannte er seine einzige Milchkuh, weil sie noch im hohen Alter ein Kalb warf –, die Sankt Elisabeth habe um etliches kürzere Vorder- als Hinterfüße, ansonsten sie waagrecht ja nicht grasen könnte. Das ist aber lange her. Die gotteslästerlichen Sprüche sind ihm vergangen, und wie er nach der Entlassung vom Nachbarn die Sankt Elisabeth zurückfordern wollte, fand er inmitten feister Kühe ein halb verhungertes Kuhgestell mit einem gänzlich ergrauten Maul und blutversprengten Glotzen.

Eines nahm man ihm besonders übel. Das war die Vermessenheit, werktags im Sonntagsgewand daherzugehen. Was die Bauern jedoch auf das Alleräußerste empörte, war die Art, wie er es tat. Sah er jemanden in der Juliglut den Hang rechen, so trat er zu ihm hin, nahm das Binokel von der Nase, blies Pollenstaub von den Gläsern, setzte das Binokel wieder auf, kreiselte sein geschnitztes Gehstöckchen durch die Luft, griff in den steifen Kragen und redete als die größte Studiertheit über den Sinn des Bergbauerndaseins an sich. Ausgerechnet er, der sich nicht einmal einen Zentner Heu leisten konnte! Und wieder mochten sie vor Zorn zu Boden spucken, hatten aber keinen Speuz mehr in den staubtrockenen Mäulern.

Hauptgeneraloffiziersmajor Roman Lamparter, der Meistenteils, entstammte einer uralten Schnitzerdynastie, deren Linie sich bis ins frühe 13. Jahrhundert zurückverfolgen läßt. Wie alle Eschberger Lamparter, so war auch dieses Geschlecht dermaleinst im Zuge wütender Lehensstreitigkeiten aus dem Lombardischen geflüchtet, woher ja der Name Lamparter rührt. Die Urväter des Meistenteils waren geheimnisumwitterte, auf Stolz und Eigensinn bedachte Holzbildner gewesen. Ihre Geschichte ist ein fortlaufendes Scheitern am sonderlichen Wesen ihres Kunstideals und endete in acht Fällen auf dem Scheiterhaufen der Inquisition. Die Lamparter Meister hatten nämlich seit dem fünfzehnten Jahrhundert beharrlich versucht, in der Kirchenkunst das Lachen einzuführen. Obwohl ihre Werkstatt einerseits höchstes Ansehen genoß, wurde sie andererseits ob ihrer fröhlichen Theologie auf das Bitterste verfolgt. Dennoch hielten die Schnitzmeister über Generationen an ihrem Ideal fest, ja ließen sich das Lachen nicht einmal durch Ächtung, Vertreibung, Verfolgung und Verbrennung zerstreuen.

[...]

Solche Vergangenheit lebte im Meistenteils fort, diesem kurzbeinigen, pfahldünnen Mann mit den dichtbuschigen Augenbrauen und den tausend Lachfalten im Gesicht. Ob er noch wußte, ja überhaupt ahnte, daß seine Vorväter die bedeutendsten Holzbildner Deutschlands gewesen waren, ist allerdings in Zweifel zu ziehen. Denn schon als Kind mußte er von zu Hause flüchten, weil in Götz- und Eschberg die Pestseuche ausgebrochen war. Er verlor die Eltern und alle vierzehn Geschwister, schlug sich jämmerlich durch sein junges Leben, vagierte rastlos von einem Ort zum anderen, irrte in abenteuerlichen Märschen über den Rätikon und durch die Bergamasker Alpen, wurde schließlich in Lecco von einem Lohgerber halbverhungert aufgegriffen. In Lecco blieb er zwei Jahre, dann riß er aus und wurde seither steckbrieflich gesucht. Er hatte den Lohgerber, seinen Lebensretter, aus Notwehr erschlagen, weil ihm dieser über Monate rohe Metzgereiabfälle aufgetischt hatte. Weiter flüchtete der Meistenteils, hinüber ins Piemont und hinunter zur Ligurischen Küste. Dort wurde er Matrose zur See auf einem Levantischen Kaffeeschiff. Schon damals war er nicht in der Lage, mit Geld umzugehen. Binnen einer viertel Stunde hatte er die Heuer mit Dirnen durchgebracht. Auf einer Seefahrt geriet das Schiff vor der Küste von Toulon in Seenot, aber Gott ließ ihn nicht ersaufen, sondern schwemmte ihn – welch ein Zufall! – just vor die Füße eines reichen Touloner Schnitzmeisters. In dessen Werkstatt erlernte der das Handwerk im Holz.

(aus: Robert Schneider, *Schlafes Bruder*, Sonderausgabe, Leipzig 1995, S. 209–214)

### Patrick Süskind: Der Zwang zur Tiefe

**Material 5**

Eine junge Frau aus Stuttgart, die schön zeichnete, bekam bei ihrer ersten Ausstellung von einem Kritiker, der nichts Böses meinte und sie fördern wollte, gesagt: »Es ist begabt und ansprechend, was Sie machen, aber Sie haben noch zu wenig Tiefe.«

Die junge Frau verstand nicht, was der Kritiker meinte, und hatte seine Bemerkung bald vergessen. Aber am übernächsten Tag stand in der Zeitung eine Besprechung desselben Kritikers, in der es hieß: »Die junge Künstlerin besitzt viel Talent und ihre Arbeiten finden auf den ersten Blick großes Gefallen; leider allerdings mangelt es ihnen an Tiefe.«

Da begann die junge Frau nachzudenken. Sie schaute ihre Zeichnungen an und kramte in alten Mappen. Sie schaute alle ihre Zeichnungen an und auch die, die sie gerade in Arbeit hatte. Dann schraubte sie die Tuschegläser zu, wischte die Federn ab und ging spazieren.

Am selben Abend war sie eingeladen. Die Leute schienen die Kritik auswendig gelernt zu haben und sprachen immer wieder von dem vielen Talent und dem großen Gefallen, das die Bilder schon auf den ersten Blick erweckten. Aber aus dem Gemurmel des Hintergrunds und von jenen, die mit dem Rücken zu ihr standen, konnte die junge Frau, wenn sie genau hinhörte, vernehmen: »Tiefe hat sie keine. Das ist es. Sie ist nicht schlecht, aber leider hat sie keine Tiefe.«

In der ganzen folgenden Woche zeichnete die junge Frau nichts. Sie saß stumm in ihrer Wohnung, brütete vor sich hin und hatte immer nur einen einzigen Gedanken im Kopf, der alle übrigen Gedanken wie ein Tiefseekrake umklammerte und verschlang: »Warum habe ich keine Tiefe?«

In der zweiten Woche versuchte die Frau wieder zu zeichnen, aber über ungeschickte Entwürfe kam sie nicht hinaus. Manchmal gelang ihr nicht einmal ein Strich. Zuletzt zitterte sie so sehr, daß sie die Feder nicht mehr in das Tuscheglas tauchen konnte. Da begann sie zu weinen und rief: »Ja, es stimmt, ich habe keine Tiefe!«

In der dritten Woche fing sie an, Kunstbände zu betrachten, die Werke andrer Zeichner zu studieren, Galerien und Museen zu durchwandern. Sie las kunsttheoretische Bücher. Sie ging in eine Buchhandlung und verlangte vom Verkäufer das tiefste Buch, das er auf Lager hätte. Sie erhielt ein Werk von einem gewissen Wittgenstein und konnte nichts damit anfangen.

Bei einer Ausstellung im Stadtmuseum »500 Jahre europäische Zeichnung« schloß sie sich einer Schulklasse an, die von ihrem Kunsterzieher geführt wurde. Plötzlich, bei einem Blatte Leonardo da Vincis trat sie vor und fragte: »Verzeihen Sie – können Sie mir sagen, ob diese Zeichnung Tiefe besitzt?« Der Kunsterzieher grinste sie an und sagte: »Wenn Sie sich über mich lustig machen wollen, dann müssen Sie früher aufstehen, gnädige Frau!« und die Klasse lachte herzlich. Die junge Frau aber ging nach Hause und weinte bitterlich.

Die junge Frau wurde nun immer sonderbarer. Sie verließ kaum noch ihr Arbeitszimmer und konnte doch nicht arbeiten. Sie nahm Tabletten, um wach zu bleiben, und wußte nicht, wozu sie wach bleiben sollte. Und wenn sie müde wurde, dann schlief sie in ihrem Stuhl, denn sie fürchtete sich, ins Bett zu gehen aus Angst vor der Tiefe des Schlafes. Sie begann auch zu trinken und ließ die ganze Nacht das Licht brennen. Sie zeichnete nicht mehr. Als ein Kunsthändler aus Berlin anrief und um einige Blätter bat, schrie sie ins Telefon: »Lassen Sie mich zufrieden! Ich habe keine Tiefe!« Gelegentlich knetete sie Plastillin, aber nichts Bestimmtes. Sie vergrub nur ihre Fingerkuppen darin oder formte kleine Knödel. Äußerlich verwahrloste sie. Sie achtete nicht mehr auf ihre Kleidung und ließ die Wohnung verkommen.

Ihre Freunde sorgten sich. Sie sagten: »Man muß sich um sie kümmern, sie steckt in einer Krise. Entweder ist die Krise menschlicher Art, oder sie ist künstlerischer Art; oder die Krise ist finanziell. Im ersten Fall kann man nichts machen, im zweiten Fall muß sie da durch, und im dritten Fall könnten wir eine Sammlung für sie veranstalten, aber das wäre ihr womöglich peinlich.« So beschränkte man sich darauf, sie einzuladen, zum Essen oder auf Partys. Sie sagte immer ab mit der Begründung, sie müsse arbeiten. Sie arbeitete aber nie, sondern saß nur in ihrem Zimmer, schaute vor sich hin und knetete Plastillin.

Einmal war sie so verzweifelt mit sich selbst, daß sie doch eine Einladung annahm. Ein junger Mann, dem sie gefiel, wollte sie danach nach Hause bringen, um mit ihr zu schlafen. Sie sagte, das könne er gerne tun, denn auch er gefalle ihr; allerdings müsse er sich darauf gefaßt machen, daß sie keine Tiefe besitze. Der junge Mann nahm daraufhin Abstand.

Die junge Frau, die einst so schön gezeichnet hatte, verfiel nun zusehends. Sie ging nicht mehr aus, sie empfing nicht mehr, durch den Bewegungsmangel wurde sie dick, durch den Alkohol und die Tabletten alterte sie überschnell. Ihre Wohnung fing zu modern an, sie selbst roch sauer.

Sie hatte 30 000 Mark geerbt. Davon lebte sie drei Jahre lang. Einmal in dieser Zeit machte sie eine Reise nach Neapel, kein Mensch weiß unter welchen Umständen. Wer sie ansprach, bekam nur ein unverständliches Gebrabbel zur Antwort.

Als das Geld verbraucht war, zerschnitt und durchlöcherte die Frau alle ihre Zeichnungen, fuhr auf den Fernsehturm und sprang 139 Meter in die Tiefe. Weil an diesem Tag aber ein starker Wind wehte, zerschellte sie nicht auf dem geteerten Platz unter dem Turm, sondern wurde über ein ganzes Haferfeld hinweg bis zum Waldrand getragen, wo sie in den Tannen niederging. Sie war trotzdem sofort tot.

Den Fall griff die Boulevardpresse dankbar auf. Der Selbstmord an und für sich, die interessante Flugbahn, die Tatsache, daß es sich um eine einst verheißungsvolle Künstlerin handelte, die obendrein noch hübsch gewesen war, hatten einen hohen Informationswert. Der Zustand ihrer Wohnung erschien so katastrophal, daß man pittoreske Fotos davon machen konnte: Tausende von geleerten Flaschen, Zeichen der Zerstörung überall, zerfetzte Bilder, an den Wänden Plastillinklumpen, ja sogar Exkremente in den Zimmerecken! Man riskierte einen zweiten Aufmacher und noch einen Bericht auf Seite drei.

Im Feuilleton schrieb der eingangs erwähnte Kritiker eine Notiz, in der er seine Betroffenheit darüber zum Ausdruck brachte, daß die junge Frau so scheußlich hatte enden müssen. »Immer wieder«, schrieb er, »ist es für uns Zurückbleibende ein erschütterndes Ereignis, mit ansehen zu müssen, daß ein junger talentierter Mensch nicht die Kraft findet, sich in der Szene zu behaupten. Mit staatlicher Förderung und privater Initiative allein ist es da nicht getan, wo es vorrangig um Zugewandtheit im menschlichen Bereich und um ein verständiges Begleiten im künstlerischen Sektor ginge. Allerdings scheint zuletzt doch im Individuellen der Keim zu jenem tragischen Ende angelegt. Denn spricht nicht schon aus ihren ersten noch scheinbar naiven Arbeiten jene erschreckende Zerrissenheit, ablesbar schon an der eigenwilligen, der Botschaft dienlichen Mischtechnik, jene monomanisch nach innen gerichtete Aggression, jene hineinverdrehte, spiralenförmig sich verbohrende und zugleich hoch emotionsbeladene, offensichtlich vergebliche, Auflehnung der Kreatur gegen das eigene Selbst? Jener verhängnisvolle, fast möchte ich sagen: gnadenlose Zwang zur Tiefe?«

(aus: Roman oder Leben. Postmoderne in der deutschen Literatur, hrsg. v. Uwe Wittstock, Leipzig 1994, S. 121–124)

**Material 6**

**Zur Postmoderne:**
**Uwe Wittstock: Schreiben in den Zeiten des Zweifels (Auszug)**

Der Moderne ist die Welt unwiederbringlich in Scherben zerfallen, und sie wird geprägt durch den Schmerz über deren entwerteten (Nietzsche), entzauberten (Max Weber) oder entfremdeten (Marx) Zustand – und dazu durch mehr oder weniger folgenreiche Versuche, die Scherben, so gut es geht, zu kitten. Die Postmoderne dagegen stellt sich der Erkenntnis, daß der Absolutheitsanspruch einer Idee immer nur auf Kosten der legitimen Existenzrechte anderer Ideen durchzusetzen ist. Sie akzeptiert nicht nur das Ende aller Hoffnungen auf Sinntotalität, sondern sie begrüßt es auch, da erst nach diesem Ende den sonst untergeordneten Teilen, Bruchstücken oder Minderheiten Gerechtigkeit widerfahren kann. »Die Postmoderne ist diejenige geschichtliche Phase«, schreibt Wolfgang Welsch, »in der radikale Pluralität als Grundverfassung der Gesellschaft real und anerkannt wird und in der daher plurale Sinn- und Aktionsmuster vordringlich, ja dominant und obligat werden.« Voreilig und falsch wäre es, diesen Prozeß als Phase des Niedergangs und Zerfalls zu betrachten. Die Postmoderne hat einen ausgeprägt moralischen Anspruch: Sie verwahrt sich gegen jede überkommene oder auch neue Hegemonie und tritt entschieden für die Entfaltungsfreiheit jedes einzelnen ein. Sie machte ernst mit den alten Vorstellungen von Toleranz und Demokratie – und das nicht aus Gleichgültigkeit, sondern vor dem Hintergrund historischer Einsichten. Denn, so fährt Welsch in Anlehnung an Jean-François Lyotard fort, die »Grunderfahrung der Postmoderne ist die des unüberschreitbaren Rechts hochgradig differenter Wissensformen, Lebensentwürfe, Handlungsmuster. Diese konkreten Formen von Vernunft weisen sich eigentätig als sinnvoll aus. Von außen sind sie leichter zu verkennen als zu erkennen. Zu ihrer Anerkennung kommt es auf Grund einer relativ einfachen Schlüsselerfahrung: daß ein und derselbe Sachverhalt in einer anderen Sichtweise sich völlig anders darstellen kann und daß diese andere Sichtweise doch ihrerseits keineswegs weniger ›Licht‹ besitzt als die erstere – nur ein anderes. Licht, so erfährt man dabei, ist immer Eigenlicht. Das alte Sonnen-Modell – die eine Sonne für alles und über allem – gilt nicht mehr, es hat sich als unzutreffend erwiesen«.

Auch wenn die Kritik an einem monolithischen Vernunftbegriff und die Forderung, die grundsätzliche Pluralität unserer Lebensverhältnisse vorbehaltlos anzuerkennen, für manchen fremd klingen mögen, so vollzieht diese Definition der Postmoderne doch keinen Abschied von der Moderne, sondern will lediglich moderne Grundgedanken zuspitzen und radikalisieren. Das Ziel ist nicht, eine neue Epoche einzuläuten, sondern bestimmte Aspekte der Moderne zu betonen und so zu ihrer Selbstkritik beizutragen.

Die postmoderne Verfassung unserer Lebensverhältnisse wird natürlich nicht erst seit dem Ende des sozialistischen Experiments in Osteuropa offensichtlich. Zumindest in der westlichen Welt war sie seit Jahrzehnten spürbar. Im Zeitalter der Telekommunikation und der Touristik, des Fliegens und des Fernsehens, kurz: des unentwegten interkontinentalen Austauschs von Menschen, Gütern und Gedanken rücken einst weit entfernte und höchst differente Kulturen so nahe aneinander, daß die Widersprüche zwischen ihnen, aber auch ihre jeweilige Legitimität zur alltäglichen Erfahrung werden. Angesichts der immer vielgestaltiger, buntscheckiger werdenden Gegenwart und ihrer immer rasanter fortschreitenden Veränderung ist es anachronistisch, wenn nicht gar lächerlich, für eine rundum verpflichtende Totalitätsvorstellung zu plädieren. Die latente Gewaltsamkeit monumentaler Weltentwürfe tritt inzwischen deutlich hervor: Auf wie viele Kontraste müßte zugunsten einer solchen Einheitsidee verzichtet, wie viele aus Gegensätzen resultierende Anregungen müßten ausgeblendet, wie viele Widersprüche rücksichtslos aufgelöst werden. Schließlich: Wie viele historisch begründete Konflikte dürften ihretwegen nicht mehr benannt und (möglichst friedlich als Wettbewerb) ausgetragen, sondern müßten unterdrückt oder eingefroren werden – mit all den unabsehbaren Folgen solcher politischen und geistigen Verdrängungen. [...]

[...] Die zunehmende Vielfalt der am gleichen Ort zur gleichen Zeit gesprochenen Sprachen, die steigende Zahl der Sprachebenen, auf denen jeder einzelne sich tagtäglich bewegen muß (oder, wie es im Jargon der Postmodernen heißt: die wachsende Pluralität der Diskurse), verändert zwangsläufig die Formen der Kommunikation – und zwar sowohl im politischen wie im ästhetischen Bereich. Denn nachdem die monolithischen Weltanschauungen fragwürdig wurden, relativiert sich auch die hergebrachte Hierarchie kultureller Verständigungsmittel: Da niemand mehr von sich behaupten kann, im Besitz letztgültiger Wahrheiten zu sein, kann auch niemand einen erhöhten Rang für sein Medium und seine Sicht der Dinge beanspruchen – womit die Demokratisierung der Verhältnisse das einst hehre Dichteramt erreicht. [...] Wer trotzdem an modernistischen Reinheitsgeboten festhält, der verharrt mit seinen Büchern nicht nur in irgendeiner verflossenen Ära und wird deshalb für die meisten Zeitgenossen unverständlich, nein, der *unter*fordert zudem seine verbliebenen Leser, denn die sind längst sprach- und medientrainiert genug, ganz unterschiedlichen Inhalten und Ausdrucksweisen gleichzeitig folgen zu können – wie zum Beispiel einer Hollywood-Party samt der Amtseinführung eines Präsidenten.

So bestanden Fiedler und nach ihm andere Postmoderne wie John Barth oder Umberto Eco frühzeitig darauf, daß es für den heroischen Tod und die Hermetik der modernen Literatur keine Notwendigkeit mehr gebe. Wenn kein halbwegs vernünftiger Leser mehr von Autoren eine umfassende Sinnstiftung erwartet und wenn die literarische Trauer um den Verlust des Sinns bis in das Schweigen und in die totale Isolation hinein wiederholt ausgemessen wurde, dann darf man mit Barth die Möglichkeit ins Auge fassen, daß wir »mehr *Finnegans Wakes* oder *Pisan Cantos*« samt dem »Stab an bestallten Professoren«, die sie für die Leser dechiffrieren sollen, »wirklich nicht brauchen«.

Fiedlers Thesen zielen darauf, neben den intellektuellen Qualitäten der Kunst deren emotionale Aspekte wieder stärker zu betonen. Er will die »hohe« Literatur mit der trivialen versöhnen, da das priesterliche Reinheitspathos der modernen Dichtung sowohl seine Rechtfertigung wie seinen sozialen Resonanzboden eingebüßt habe. Er fordert damit keineswegs, die Differenzen zwischen den kulturellen Sphären einzuebnen, um sie sämtlich auf das Niveau Bugs Bunnys zu bringen. Vielmehr erwartet er von zeitgenössischen Schriftstellern, daß sie – wie die zeitgenössischen Leser – mehrere Sprachebenen zugleich beherrschen, daß sie Anspruchsvolles wie auch Triviales parallel zu formulieren verstehen (wobei trivial genaugenommen »für jedermann zugänglich« meint und erst im übertragenen Sinn »alltäglich, gewöhnlich, platt«). Charles Jencks nannte das eine »Doppelcodierung«: Im Zeitalter der Postmoderne dürfe sich ein Kunstwerk nicht auf eine Sprachebene, einen Diskurs beschränken. Es müsse vielmehr die Kenner sowohl wie die große Öffentlichkeit ansprechen, müsse elitäre Bedürfnisse ebenso befriedigen wie populäre und müsse moderne Elemente genauso aufnehmen wie traditionelle. »Mein idealer postmodernistischer Autor«, schreibt John Barth, »lehnt seine modernistischen Eltern des 20. Jahrhunderts oder seine prämodernistischen Großeltern aus dem 19. Jahrhundert weder bloß ab, noch ahmt er sie einfach nach. Er hat die erste Hälfte unseres Jahrhunderts zwar im Kopf, aber nicht auf dem Hals. [...] Er kann nicht hoffen, die Verehrer eines James Michener und Irvin Wallace zu erreichen oder zu rühren – ganz zu schweigen von den gehirnamputierten Massenmedienanalphabeten. Hoffen aber *sollte* er, wenigstens zeitweilig anzukommen und zu erfreuen, auch jenseits des Kreises derer, die Thomas Mann die Urchristen zu nennen pflegte: die professionellen Liebhaber hoher Kunst.« Tatsächlich erwiesen sich zahlreiche Romane, die als hochartifizielle Werke der Postmoderne gelten, als überaus erfolgreich beim Publikum: Umberto Ecos *Der Name der Rose* beispielsweise oder Patrick Süskinds *Parfum*, aber auch die Romane Italo Calvinos und Milan Kunderas, Don DeLillos *Libra* oder Christoph Ransmayrs *Die letzte Welt*.

Mit diesem Rückgriff auf vertraute literarische Formen verletzt die Postmoderne das Innovationsgebot der modernen Ästhetik. Sie sucht nicht mehr, wie die verschiedenen Avantgarde-Bewegungen in der ersten Jahrhunderthälfte, den rigorosen Bruch mit der traditionellen Kunst, sondern einen klugen Anschluß an Moderne *und* Tradition. Sie ist, nicht zuletzt aufgrund ihrer Zweifel an den Geschichtsphilosophien, mißtrauisch geworden gegen jeden naiven Fortschrittsglauben – und damit gegen die inzwischen zur Konvention verkommene Vorstellung, die Kunst könne durch das Experiment, durch ständige formale Erneuerungen zu immer höheren Zielen gelangen.

(aus: Roman oder Leben. Postmoderne in der deutschen Literatur, hrsg. v. Uwe Wittstock, Leipzig 1994, S. 321–329)

# Anhang

## Anmerkungen

1 Schneider im Interview mit Cerha (*Der Standard*).
2 Jenny, Wenn der Berg ruft, 252.
3 Schneider im Interview mit Michaelsen (*Stern*), 95.
4 Fritsch, 71.
5 Schneider im Interview mit Michaelsen (*Stern*), 95.
6 Zit. von Ohrlinger, Materialien, 139.
7 Schneider im Interview mit Michaelsen (*Stern*), 91.
8 Schneider im Interview mit Lorenz (*Abendzeitung*).
9 Schneider im Interview mit Michaelsen (*Stern*), 91.
10 Schneider äußert sich in dieser Beziehung sehr negativ über die »Literaturverwalter« bei Reclam und behauptet, »aus Verzweiflung [...] eigenmächtig für 20000 Mark Werbung geschaltet« zu haben. Im Interview mit Michaelsen (*Stern*), 92.
11 Vgl. Schneider im Interview mit Lorenz (*Abendzeitung*).
12 A.a.O.
13 Schneider: »Die Geschichten waren als Einzelgeschichten immer da, lange konzipiert und weit zurückreichend, teils noch vor *SCHLAFES BRUDER*.« Zit. von Schmitz (*Focus*), 83.
14 Schneider im Interview mit Michaelsen (*Stern*), 92.
15 Zit. von Seiler (*Die Weltwoche*).
16 Schneider im Interview mit Michaelsen (*Stern*), 91.
17 Schneider im Interview mit Lorenz (*Abendzeitung*).
18 Schneider, in: Schmitz (*Focus*), 85.
19 Ebd.
20 Karasek (*Der Tagesspiegel*).
21 Löffler (*Die Zeit*).
22 Schneider im Interview mit Michaelsen (*Stern*), 95.
23 Schneider im Interview mit Lorenz (*Abendzeitung*).
24 Vgl. Schneider im Interview mit Michaelsen (*Stern*), 95.
25 Moritz, Materialien, 13. Moritz gibt in der Einleitung des Materialienbandes einen Überblick über die Rezeption von *SCHLAFES BRUDER* durch die Literaturkritik.
26 Winkels, Materialien, 161. Zur Frage der Unterhaltsamkeit der deutschen Gegenwartsliteratur vgl. Wittstock (95), v. a. 161 ff.; auch Moritz, Materialien, 9.
27 Ohrlinger, Materialien, 143.
28 Hackl, Materialien, 53.
29 Seghers (*Hamburger Abendblatt*).
30 Schmidt, Materialien, 154.
31 Zit. nach Moritz, Materialien, 14.
32 Doerry, Materialien, 166.
33 Löffler (*Die Zeit*).
34 Schaub, Materialien, 40.
35 Hage (*Der Spiegel*).
36 Seiler (*Die Weltwoche*).
37 Löffler (*Die Zeit*).
38 Greiner (*Die Zeit*).
39 Fleischanderl, v. a. 94 f.
40 Wittstock (94), 338; auch Wittstock (95), 59.
41 Landa, 158 und 167.
42 Vgl. z. B. die Interviews von Michaelsen (*Stern*) und Lorenz (*Abendzeitung*).
43 Kruse, 98.
44 Moritz, 18.
45 Literatur zur Postmoderne: Welsch (87), der auch die Entstehung des Begriffs nachzeichnet; Zima (97), der vor dem Hintergrund der Moderne bzw. des Modernismus Postmoderne aus soziologischer, philosophischer und literaturwissenschaftlicher Sicht (Kap. IV und V) betrachtet; Wittstock (94), der Aufsätze zur Postmoderne in der deutschen Literatur herausgibt. Weitere Literatur im Literaturverzeichnis.
46 Jean-François Lyotard: Philosophie und Malerei im Zeitalter ihres Experimentierens. Berlin 1986, 97.
47 Vgl. Zima (97), 20 und 238.
48 Vgl. Welsch (87), 84: »Und daher bedeutet meine Grundthese, daß die Postmoderne eigentlich die Radikalmoderne dieses Jahrhunderts sei [...].« Zima betont demgegenüber eher den Neubeginn, den Bruch mit der Moderne.
49 Jean-François Lyotard: Das postmoderne Wissen (frz.: La condition postmoderne). Graz, Wien, 1986.
50 Welsch (87), 5.
51 Zima (97), 26. Aus dem Bewusstsein der Indifferenz oder Austauschbarkeit der Werte und Diskurse leitet Zima eine Reihe von Stilbegriffen für die literarische Postmoderne ab: Pluralismus, Entdifferenzierung der Stile (Pynchon), radikaler Konstruktivismus (Ricardou), extreme Formen der Intertextualität und der Polyphonie (Cl. Simon), Anachronismus als Gleichzeitigkeit des Un-

gleichzeitigen (L. Goytisolo), konkurrierende Erzählerstandpunkte (Butor), Auflösung der Gattungsgrenzen (Jürgen Becker), Karnevalisierung (Th. Bernhard), Verfremdung (W. Schwab), extreme Polysemie (Robbe-Grillet), lineares Erzählen (Eco), Rückkehr zu tradierten Erzählformen (Süskind), systematische Thematisierung der Leserrolle (Calvino), 254.

52 Auf Deutsch: Leslie A. Fiedler: Überquert die Grenze, schließt den Graben. In: Wittstock (94), 14–39.

53 Der Begriff stammt von Charles Jencks: Post-Modern und Spät-Modern. In: Utz Riese (Hg.): Falsche Dokumente. Leipzig, 1993, 251–286.

54 Eco, 78.

55 Zima (97) sieht in der Intertextualität als Vielstimmigkeit und im radikalen Konstruktivismus die Hauptmerkmale der literarischen Postmoderne. (339 f.).

56 A.a.O., 333.

57 A.a.O., 342.

58 Foucault: »Mit Hilfe all der Hindernisse, die das schreibende Subjekt zwischen sich und dem errichtet, was es schreibt, lenkt es alle Zeichen von seiner eigenen Individualität ab; das Kennzeichen des Schriftstellers ist nur noch die Einmaligkeit seiner Abwesenheit; er muß die Rolle des Toten im Schreib-Spiel übernehmen. All dies ist bekannt; und schon seit geraumer Zeit haben Kritik und Philosophie von diesem Verschwinden oder diesem Tod des Autors Kenntnis genommen.« (235)

59 H. R. Jauß: Italo Calvino: *Wenn ein Reisender in der Winternacht*. Plädoyer für eine postmoderne Ästhetik. In: ders.: Studien zum Epochenwandel der ästhetischen Moderne. Frankfurt, 1989, 287.

60 Fohrmann, 579.

61 Die Theoriediskussion ist niedergelegt in: Bogdal (90); Fohrmann/Müller (88); Zima (94).

62 Peter Bürger: Das Verschwinden der Bedeutung. Versuch einer postmodernen Lektüre von Michel Tournier, Botho Strauß und Peter Handke. In: Kemper (88), 295.

63 Foucault, 234.

64 Fingerhut (88) verwies als erster auf das Dilemma des Literaturunterrichts angesichts der postmodernen Literatur.

65 Vgl. den Titel des Beitrags von Förster (98), den er bewusst als Frage formuliert: *Die postmoderne Literatur – Eine Provokation für Wissenschaft und Unterricht?*

66 Kammler (97), 171 f. und 175; vgl. auch Kammler (98), 193, und insgesamt Förster (98).

67 Kammler (97),172.

68 Förster (98), 231.

69 Vgl. die Einführung von Jürgen Belgrad und Karlheinz Fingerhut in den Sammelband *Textnahes Lesen* sowie die 6 Thesen aus didaktischer Perspektive von Elisabeth K. Paefgen. In: Belgrad/Fingerhut, 5–23.

70 A.a.O., 7.

71 Zeyringer betrachtet *Schlafes Bruder* unter dem Etikett ›Dorf-Geschichte‹ (Materialien, 55), Wallmann als ›Heimatroman‹ (Materialien, 147), Werner als ›Heiligenlegende‹ (Materialien, 100), Doerry als ›Märchen‹ (Materialien, 163).

72 Vgl. Landa, 165.

73 A.a.O., 161.

74 A.a.O., 158. Landa begründet ihre These folgendermaßen: »Die dem Genre innewohnende Prätention, trotz Rückwärtsgewandtheit das Dorf zum Brennpunkt universeller politischer, gesellschaftlicher und psychologischer Vorgänge zu erheben, erlaubt breit angelegte Identifikationsvorgänge, die sowohl konservative als auch zeitkritische Leser einbinden.«

75 Zeyringer, Materialien, 60.

76 Uwe Baur: Dorfgeschichte. Zur Entstehung und gesellschaftlichen Funktion einer literarischen Gattung im Vormärz. München, 1978, 37.

77 A.a.O., 192.

78 Ebd.

79 A.a.O., 98 f.

80 Felders Autobiografie *Aus meinem Leben* wird 1985 vom Salzburger Residenz-Verlag neu aufgelegt und von Peter Handke eingeleitet.

81 Zeyringer, Materialien, 55.

82 A.a.O.,74.

83 A.a.O., 65.

84 A.a.O., 69. Zeyringer verweist auf die Namensähnlichkeit und das verwandte Schicksal von Felder und (Elias) Alder, auf eine in einigen Punkten vergleichbare Rezeptionsgeschichte sowie auf motivliche Ähnlichkeiten zwischen *Schlafes Bruder* und den Felder'schen Romanen, speziell auf die Parallelen in Landschaftsbeschreibungen, 66 f.

85 Baur, 87.

86 Vgl. Zeyringer, Materialien, 69 f.

87 Literatur zum Heimatroman (Auswahl): Kunne, Andrea: Heimat im Roman: Last oder Lust? Transformationen eines Genres in der österreichischen Nachkriegsliteratur. Amsterdam, 1991; Mecklenburg, Norbert: Erzählte Provinz. Königstein/T., 1982; Rossbacher, Karlheinz: Heimatkunstbewegung und Heimatroman. Stuttgart, 1975.

88 Der Begriff wurde von Koppensteiner geprägt. Vgl. Koppensteiner, Jürgen: Das Leben auf dem Lande. Zu den Anti-Heimatromanen österreichischer Gegenwartsautoren. In: Rupp, Heinz /Roloff, Hans-Gert (Hg.):

Akten des VI. Internationalen Germanisten-Kongresses Basel 1980. Frankfurt/M. u. a., 1980. Oder ders.: Anti-Heimatliteratur in Österreich. Zur literarischen Heimatwelle der siebziger Jahre. In: Modern Austrian Literature, Vol. 15, No. 2, 1983, 1–11.

89 Franz Innerhofer: Schöne Tage. Salzburg, 1974, 231.

90 Vgl. Landa, 165.

91 Vgl. den Titel von Landas Aufsatz: *Dorfchronik aus Kalkül?*

92 Koelbl, 245.

93 Vgl. Zeyringer, der das Bild des Kostüms speziell auch in Bezug auf Schneiders Beziehung zur vormärzlichen Dorfgeschichte benützt, Materialien, 76.

94 Schlösser, Materialien, 85.

95 Choral aus der Bach-Kantate Nr. 56: »Ich will den Kreuzstab gerne tragen«.

96 Vgl. Schlösser, Materialien, 84. Schlösser macht in diesem Zusammenhang auf eine musikhistorische Diskrepanz aufmerksam: Entsprechend den Prinzipien der Naturnachahmung mit Kunstmitteln des 19. Jahrhunderts könnte das musikalische Transponieren von Schmetterlingsflügen so etwas wie ein ›Zitronenfalter-Idyll‹ für das Piano ergeben, ein Salonstück also, für das Elias als Komponist nicht in Frage kommt.

97 Schneider betont, dass »das eigentlich eine Musik [ist], die im Grunde genommen überhaupt nichts Geniales hat. Das ist eine ganz konventionelle Faktur von Musik.« Schneider im Interview mit Kruse, 96.

98 Schlösser,Materialien, 91.

99 Auf den Zusammenhang von *Schlafes Bruder* mit dem romantischen Künstlerroman verweist Martin Unkel in seiner Staatsarbeit (Detmold): *Die zeitgenössische Verarbeitung romantischer Motive in dem Roman ›Schlafes Bruder‹ von Robert Schneider im Rahmen einer Unterrichtsreihe über die Romantik* (unveröffentl. Manuskript).

100 Wilhelm Heinrich Wackenroder und Ludwig Tieck: Herzensergießungen eines kunstliebenden Klosterbruders. Stuttgart (Reclam), 1967 (Da die *Herzensergiessungen* im Wesentlichen ein Werk Wackenroders sind, werden sie unter seinem Namen genannt.) E. T. A. Hoffmann: Kreisleriana. Stuttgart (Reclam), 1983; E. T. A. Hoffmann: Lebens-Ansichten des Katers Murr nebst fragmentarischer Biographie des Kapellmeisters Johannes Kreisler in zufälligen Makulaturblättern. Stuttgart (Reclam), 1972. Belege abgekürzt mit (W) oder (H).
Literatur zum Künstlerroman, speziell der Romantik (Auswahl): Kremer, Detlef: Prosa der Romantik. Stuttgart, Weimar, 1996: Marcuse, Herbert: Der deutsche Künstlerroman. Schriften, Bd. 1. Frankfurt/M.: 1978; Schmidt, Jochen: Die Geschichte des Geniegedankens 1750–1945. 2 Bde. Darmstadt, 1985; Thewalt, Patrick: Die Leiden der Kapellmeister. Zur Umwertung von Musik und Künstlertum bei W. H. Wackenroder und E. T. A. Hoffmann. Frankfurt/M. u. a., 1990.

101 Mit der religiösen Thematik von *Schlafes Bruder* setzen sich insbesondere die Arbeiten von Körtner (Materialien, 92–100) und Werner (Materialien, 100–123) auseinander. Im Zusammenhang dieses Kapitels werden vor allem die Ausführungen von Werner mit verwertet.

102 Werner, Materialien, 107.

103 A.a.O., 105.

104 Landa, 165.

105 Werner, Materialien, 105. Vgl. Offenbarung 8,6 f.

106 Werner weist darauf hin, dass darüber hinaus die ersten Lebenswochen des Elias von merkwürdigen Vorzeichen überschattet sind. Bereits bei der Taufe spürt der Ziehvater Seff an der ungewöhnlichen Stimme des Säuglings, dass »mit dem Bub [...] etwas falsch« (29) ist, und der leibliche Vater, Kurat Benzer, der drei Tage nach der Taufe vom Petrifelsen stürzt, hat Mühe, den Namen des Täuflings ins Register einzutragen. (Materialien, 108).

107 Wie auch Werner betont, gilt in der Farbsymbolik Gelb als eine Farbe mit übler Vorbedeutung; sie deutet auf Neid und Missgunst hin. Da die Farbe Grün auch als Zeichen für Unreife gedeutet wird, unterstreiche der Wechsel der Augenfarbe auch die rasche Reifung des Jungen zum Mann. (Materialien, 109).

108 A.a.O., 118.

109 Werner, Materialien, 101 f. Bei Hellmut Rosenfeld (Legende. Stuttgart, 4. Aufl. 1982) heißt es: »Im Bereiche der Wissenschaft bedeutet Legende eine religiöse Erzählung besonderer Art, die Erzählung von einem christlichen Heiligen [...]« (2). Oder: »In Wirklichkeit hat die abendländische Legende von Anfang an nur das Leben heiliger Personen und ihr Handeln als Menschen (wenn auch als von Gott begnadeten Menschen) dargestellt und bleibt deshalb wohl dem Wesen nach an die gläubige Verehrung der Heiligen gebunden, wenn auch die Erzählform und Erzählart sich gewandelt hat [...] Die reine Legendenform liegt also auch vor, wo ein beispielhaftes Leben mit Bezug zu Gott und den Mitmenschen als heiligmäßig empfunden wird und zur Verehrung als Heiliger führt.« (93)

110 Werner, Materialien, 104.

111 A.a.O., 105.

112 A.a.O., 108.

[113] A.a.O., 111.
[114] A.a.O., 112.
[115] Werner sieht in Elias' Ausruf, es sei sein und nicht Gottes Wille, wenn er untergehe (145), eine Umkehrung der Worte Jesu am Ölberg, welche die Ergebenheit Jesu in den Plan Gottes verdeutlichen. Elias' Worte »ich fürchte Dich nicht« (146) interpretiert er als Anspielung auf das »Fürchtet euch nicht« des Engels von Bethlehem. Die Verletzungen des Kindes am Kopf seien ein Hinweis auf die Dornenkrone Jesu. (Materialien, 115).
[116] A.a.O., 119.
[117] Körtner, Materialien, 95.
[118] Werner, Materialien, 122.
[119] A.a.O., 123.
[120] Landa, 164.
[121] Ebd.
[122] Heinrich von Kleist: *Der Zweikampf. Die heilige Cäcilie*. Sämtliche Anekdoten. Über das Marionettentheater und andere Prosa. Stuttgart (Reclam) 1984. Belege abgekürzt mit (K). Den Hinweis auf Kleists Legende in Zusammenhang mit *Schlafes Bruder* verdanke ich Klaus-Michael Bogdal.
[123] Vgl. Rosemarie Puschmann: Heinrich von Kleists Cäcilien-Erzählung. Kunst- und literarhistorische Recherchen. Bielefeld, 1988, 52.
[124] Renate Lachmann: Intertextualität als Sinnkonstitution. Andrej Belyjs ›Petersburg‹ und die fremden Texte. In: Poetica 15, 1983,86.
[125] A.a.O., 68.
[126] Zeyringer, Materialien, 70.
[127] A.a.O., 76. Die folgende Darstellung nimmt mehrfach auf Zeyringers Beobachtungen zur Rolle des Erzählers Bezug. Auch Magret Möckel hat die verschiedenen Haltungen des Erzählers zusammengestellt (61–70).
[128] Moritz, Materialien, 17. Moritz verweist auch darauf, dass ganz im Stil herkömmlicher Erzählverfahren der Roman an herausgehobenen Stellen vom Präteritum ins Präsens wechselt (z. B. 68), um Spannung zu schüren und Distanz abzubauen.
[129] A.a.O., 73.
[130] Wie gezeigt wurde, kann der Erzähler aber gerade in diesem Moment gegen seine Figur nicht an. Elias zwingt ihm sein eigenes Wertsystem auf, so dass der Erzähler von ihm ablässt. Vgl. Zeyringer, Materialien, 75.
[131] A.a.O., 78.
[132] A.a.O., 77.
[133] Hackl, Materialien, 49.
[134] Vgl. Wallmann, Wer liest, schläft nicht, Materialien, 37.
[135] Wallmann spricht vom »falsche(n) Konjunktiv ausgerechnet da, wo es um das *alte Wort* geht, das Schlaf und Tod mit Brüdern *vergliche* [sic!], ebd.
[136] Wallmann, Klangwetter, Materialien, 144.
[137] A.a.O., 145.
[138] Von Matt, Materialien, 154.
[139] Moritz, Materialien, 20.
[140] Schmidt, Materialien, 152.
[141] Armgard Seghers in: ***Hamburger Abendblatt***, 3. 11. 1992; zit. von Moritz, Materialien, 20.
[142] Schmidt, Materialien, 152.
[143] Seiler, Materialien, 170.
[144] Doerry, Materialien, 164.
[145] Hackl, Materialien, 52.
[146] Ohrlinger, Materialien, 142.
[147] Edinger über die schwedische Rezension von Anders Nilsson, Materialien, 134.
[148] Schneider im Interview mit Siedenberg (***Süddeutsche Zeitung***).
[149] Wittstock (94), 338.
[150] Im Interview mit Kruse, 93.
[151] Fleischanderl, 94.
[152] Moritz, Materialien, 20.
[153] Schmidt, Materialien, 153.
[154] Ebd.
[155] In einem Rundfunkgespräch mit Eduard Hoffmann, Deutsche Welle, 13. 1. 1993; zit. von Moritz, Materialien, 20.
[156] Ebd., 20.
[157] Schneider im Interview mit Kruse, 97.
[158] Nicht immer ist allerdings sicher, ob wirklich bewusste Spracherneuerung oder eher sprachliche Flüchtigkeit eines schnell schreibenden Autors am Werk ist, so zum Beispiel in der Wendung »tönerndes Flacon« (57). Diese Fragestellung ist insofern interessant, als der Text auch offensichtlich grammatische Fehler wie [...] »weil es die Gesetzmäßigkeiten eines verschwenderischen Planes will [...]« (95) oder »Als ihm das ewige Hin- und Herlaufen zwischen Spieltisch und Blasebalg verleidete [...]« (96) enthält, was die grundsätzliche Frage aufwirft, welche Rolle das Lektorat eingenommen hat. Bezüglich der *Luftgängerin* wird berichtet, dass Schneider sich weigerte, Lektoratseinwände zu berücksichtigen.
[159] Sieglinde Geise: Gottes Schattenspiel. In: Märkische Allgemeine. Wochenmagazin, 24. 12. 1992; zit. v. Moritz, Materialien, 18.
[160] Schaub, Materialien, 46.
[161] Vgl. dazu auch Moritz, Materialien, 27.
[162] Vgl. dazu auch Wallmann, Wer liest, schläft nicht, Materialien, 38.
[163] Schaub, Materialien, 48.
[164] Vgl. Möckel 71; in dem Kapitel »Struktur des Romans« geht Möckel darüber hinaus auf die Kapitelüberschriften und die Verknüpfung der Kapitel untereinander ein.
[165] Wallmann, Wer liest, schläft nicht, Materialien, 38 f.
[166] Nach dem Prinzip der semantischen Wiederaufnahme organisiert Schneider häufig auch die Verknüpfung von Satzteilen und Einzel-

sätzen. Das erklärt die häufigen Wortwiederholungen auch innerhalb kurzer Passagen.

167 Schröder, Materialien, 159.

168 Edinger, Materialien, 128.

169 Vgl. a.a.O., 127.

170 Schneider im Interview mit H. Koelbl, 248.

171 Schneider im Interview mit Kruse, 98.

172 Vgl. die Arbeit von Gudrun Kuhn (Ein philosophisch-musikalisch geschulter Sänger: musikästhetische Überlegungen zur Prosa Thomas Bernhards, Würzburg 1996), die eine Reihe von Untersuchungen zum Zusammenhang von Literatur und Musik einer kritischen Betrachtung unterzieht.

173 Schneider im Interview mit Kruse, 98.

174 Zeyringer, Materialien, 58.

175 Schneider im Interview mit Kruse, 99.

176 Kuhn (Anm. 172), 32.

177 Vgl. Hackl, Materialien, 53.

178 Kuhn (Anm. 172), 79.

179 Kruse, 97.

180 Schneider im Interview mit Kruse, 98.

181 Schmidt, Materialien, 153.

182 Ebd.

183 Vgl. Möckel, 55 (Fußnote 20) und 56 (Fußnote 22).

184 Vgl. auch Werner, Materialien, 121.

185 Vgl. auch Möckel, 104 f. Sie stellt darüber hinaus eine Reihe von Gemeinsamkeiten zwischen Elias und Peter fest und betont ihre körperliche Gegensätzlichkeit. Sie bezeichnet Peter als eine Art alter ego von Elias (105).

186 Robert Schneider: Schlafes Bruder. Sonderausgabe, 210.

187 A.a.O., 211.

188 Vgl. Hackl, Materialien, 54.

189 Körtner, Materialien, 97.

190 Schlösser, Materialien, 89.

191 Vgl. Möckel, 84, Fußnote 49.

192 Zur weiteren Ausgestaltung des Leitmotivs Geschrei/Gelächter vgl. Möckel, 96–99.

193 Vgl. Möckel, 86 f.

194 Die Darstellung des Leitmotivgeflechts ist nicht umfassend. Zum Motiv des Herzschlagens und dem der Augen sowie zu weiteren Naturmotiven vgl. Möckel, 90–95 und 99–102.

195 Vgl. Fleischanderl, v. a. 89–98.

196 Patrick Süskind: *Das Parfum*. Die Geschichte eines Mörders. Zürich, 1996 (Diogenes Taschenbuch 22800). Belege abgekürzt mit (S).

197 Schneider im Interview mit Kruse, 99.

198 Werner Frizen/Marilies Spancken: Patrick Süskind, Das Parfum. München, 1996, 27 (über Grenouille).

199 Darin sieht Schneider eine Parallele zu Süskinds *Parfum*, im Interview mit Kruse, 99.

200 Frizen/Spancken, 30.

201 Schneider im Interview mit Kruse, 99.

202 Frizen/Spancken, 121.

203 A.a.O., 59 und 61.

204 Vgl. a.a.O., 76.

205 Judith Ryan: Pastiche und Postmodern. In: Lützeler, 97 und 92.

206 A.a.O., 120.

207 Christoph Ransmayr: Die letzte Welt. Frankfurt/M., 1991 (Fischer Taschenbuch 9538). Belege abgekürzt mit (R).

208 Vgl. Thomas Epple: Christoph Ransmayr, *Die letzte Welt*, München, 1992, 52.

209 a.a.O., 79.

210 Moritz, Materialien, 24.

211 Ohrlinger, Materialien, 141.

212 Vgl. Zeyringer, Materialien, 65.

213 Vgl. Edinger, Materialien, 132.

214 Von Matt, Materialien, 157; vgl. auch Schaub, Materialien, 42.

215 Landa, 166.

216 A.a.O., 165.

217 Vgl. Edinger, Materialien, 132.

218 Zeyringer, Materialien, 67.

219 Moritz, Materialien, 25 f.

220 Wallmann, Wer liest, schläft nicht, Materialien, 38.

221 Jenny, Wenn der Berg ruft, 248.

222 Vgl. a.a.O., 252.

223 Jenny, Materialien, 178.

224 Skasa-Weiss, Materialien, 184 und 185.

225 Vgl. Schneider im Interview mit Michaelsen (*Stern*), 92.

226 Vgl. Moritz, Materialien, 15.

227 Jürgen Wolff: Die Literaturverfilmung. In: Faulstich, Werner / Lippert, Gerhard (Hg.): Medien in der Schule. Paderborn, 1996, 142.

228 Schneider im Interview mit Kruse, 100.

229 Vilsmaier geht hier ähnlich vor wie Schneider selbst, der Biografien z. T. wie aus vorgefertigten Elementen montiert. Elemente der Geschichte des Meistenteils aus der Vorstudie gehen in die Geschichte des Köhlers Michel im Roman ein.

230 Das Drehbuch (fünfte und endgültige Fassung, Dramaturgie: Jürgen Büscher) liegt bei der Perathon Film- und Fernseh GmbH, München, die die Filmrechte besitzt.

231 Zu Einstellungsgrößen und Perspektiven vgl. Wolfgang Gast: Film und Literatur. Grundbuch. Einführung in Begriffe und Methoden der Filmanalyse. Frankfurt/M., 1993.

232 Schlösser, Materialien, 91.

233 Die Anregung stammt von Gassner.

## Literaturverzeichnis

### *Werke Schneiders*


Schneider, Robert: Schlafes Bruder. Leipzig (Reclam-Bibliothek 1518), 4. Auflage 1994 (Aus dieser Ausgabe wird zitiert.)

Schneider, Robert: Schlafes Bruder. Sonderdruck. Mit einer Vorstudie zum Roman im Anhang. Leipzig, 1995


### *Literatur über Schneider*


Cerha, Michael: Mein bester Vernichter bin ich selbst (Interview mit Robert Schneider). In: Der Standard, 31. 12. 97/ 1. 1. 98

Doerry, Martin: Ein Splittern von Knochen. In: Der Spiegel, 23. 11. 1992. Auch in: Materialien*, 162–166

Edinger, Ursula: *Schlafes Bruder* in der Kritik des Auslandes. In: Materialien*, 123–138

Fleischanderl, Karin: Des Kaisers neue Kleider. Schreiben in Zeiten der Postmoderne. Wien, 1994, v. a. 94–98

Fritsch, Sibylle: Wer liebt, schläft nicht. In: Profil 2, 11. 1. 1993

Gassner, Otmar: Lesen, Schreiben, Zeichnen, Hören, Gehen: Wege zu Robert Schneiders *Schlafes Bruder*. In: Praxis Deutsch, H. 123, 1994,58–62

Greiner, Ulrich: Tanz der Vampire. Was man aus dem Erfolg von Robert Schneiders *Luftgängerin* lernen kann – Ein paar Beobachtungen zum veränderten Verhältnis von Literatur und Öffentlichkeit. In: Die Zeit, 23. 4. 1998, 41–42

Hackl, Erich: Laudatio auf Robert Schneider. In: Allmende 14 (1994), H. 40/41, 200–204 (gekürzt und abgewandelt auch in: Die Zeit, 1. 10. 1992). Auch in: Materialien*, 48–55

Hage, Volker: Schlurf heimwärts, Engel. In: Der Spiegel 1/1998, 160–161

Jenny, Urs: Wenn der Berg ruft. Joseph Vilsmaier verfilmt *Schlafes Bruder* von Robert Schneider. In: Der Spiegel 42/1994, 248–252

Jenny, Urs: Verlorene Liebesmüh. In: Der Spiegel, 40/1995. Auch in: Materialien*, 175–179

Karasek, Hellmuth: Am Horizont der Lust. Erfolgsautor Robert Schneider liest – gegen seine Kritiker. In: Der Tagesspiegel, 23. 1. 98

Koelbl, Herlinde: Im Schreiben zu Haus. Wie Schriftsteller zu Werke gehen. München, 1998

Körtner, Ulrich H. J.: Liebe, Schlaf und Tod. Ein theologischer Versuch zu Robert Schneiders Roman *Schlafes Bruder*. In: Lutherische Monatshefte 34(1995), H. 11, 12–14. Auch in: Materialien*, 92–100

Kruse, Bernhard Arnold: Interview mit Robert Schneider. In: Der Deutschunterricht, H. 2, 1996, 93–101

Landa, Jutta: Robert Schneiders *Schlafes Bruder:* Dorfchronik aus Kalkül? In: Modern Austrian Literature, Vol. 29, No. 2, 1996 (Special »Heimat« Issue), 157–168

Löffler, Sigrid: Ein Engel kommt nach Jacobsroth. In: Die Zeit, Nr. 3, 8. 1. 1998

Lorenz, Gabriella: Herzmenschen sind stärker als Zyniker (Interview mit Robert Schneider). In: Abendzeitung, 17./18. 1. 1998

Marci-Boehncke, Gudrun: Wie Schüler *Schlafes Bruder* sehen. Keinen Bogen um Fragebögen: die »kleine Empirie« im Unterricht. In: Praxis Deutsch, H. 140, 1996, 50–55

Materialien: Moritz, Rainer (Hg.): Über *Schlafes Bruder*. Materialien zu

Robert Schneiders Roman. Leipzig, 1996
Matt, Beatrice von: Föhnstürme und Klangwetter. In: Neue Zürcher Zeitung, 20. 10. 1992. Auch in: Materialien*, 154–157
Michaelsen, Sven: *Das Leben sollte uns vor der Kunst retten* (Interview mit Robert Schneider). In: Stern 2/98, 31. 12. 1997, 90–95
Möckel, Magret: Erläuterungen zu Robert Schneider *Schlafes Bruder*. Hollfeld, 1997 (Königs Erläuterungen und Materialien, 390)
Moritz, Rainer: Nichts Halbherziges. *Schlafes Bruder:* das (Un-)Erklärliche eines Erfolges. In: Materialien*, 11–29
Ohrlinger, Herbert: Ein Neuer aus Österreich. In: Die Presse, 22. 8. 1992. Auch in: Materialien*, 139–143
Schaub, Mirjam: Robert Schneider und das Verschwinden der Literaturkritik. In: Deutschsprachige Gegenwartsliteratur. Wider ihre Verächter. Hrsg. v. Christian Döring, Frankfurt/M., 1995, 185–193. Auch in: Materialien*, 40–48
Schlösser, Hermann: *Wie kein Meister vor oder nach ihm* ... Die Einzigartigkeit des Komponisten Elias Alder. In: Materialien*, 79–91
Schmidt, Thomas E.: Das Genie, das keines wurde. In: Frankfurter Rundschau, 10. 10. 1992. Auch in: Materialien*, 150–154
Schmitz, Rainer: Die Schlacht der Engel. Robert Schneider und seine *Rheintalische Tragödie*. In: Focus 51/1997, 82–85
Schröder, Julia: Denn wer liebt, schläft nicht. In: Stuttgarter Zeitung, 30. 10. 1992. Auch in: Materialien*, 157–159
Seiler, Christian: Von Herz zu Herz – ein Udo Jürgens der Literatur. In: Die Weltwoche Nr. 2, 8. 1. 1998
Seghers, Armgard: Genie mit unerhörtem Talent. In: Hamburger Abendblatt, 3. 11. 1992
Siedenberg, Sven: *Ich bin der König*. Der österreichische Schriftsteller Robert Schneider über Kitsch, Vampire und sein neues Buch *Die Luftgängerin*. In: Süddeutsche Zeitung, Nr. 28, 4. 2. 1998
Skasa-Weiss, Ruprecht: Grandios georgelt. In: Stuttgarter Zeitung, 5. 10. 1995. Auch in: Materialien*, 183–186
Steets, Angelika: Robert Schneiders Schlafes Bruder. Anregungen für eine Unterrichtssequenz. In: Der Deutschunterricht, H. 4, 1999, 82–90
Wallmann, Hermann: Klangwetter, Klangstürme, Klangmeere, Klangwüsten. In: Süddeutsche Zeitung, 30. 9. 1992. Auch in: Materialien*, 143–147
Wallmann, Hermann: Wer liest, schläft nicht. Über den Anfang und das Ende von *Schlafes Bruder*. In: Materialien*, 36–40
Werner, Mark: *Schlafes Bruder* – eine Heiligenlegende? In: Materialien*, 100–123
Winkel, Huberts: Hörwunder. In: Tempo, 11/1992. Auch in: Materialien*, 159–161
Wittstock, Uwe: Schreiben in den Zeiten des Zweifels. In: ders. (Hg.): Roman oder Leben. Postmoderne in der deutschen Literatur. Leipzig, 1994, v. a. 338–339 (Vgl. auch ders.: Leselust. Wie unterhaltsam ist die neue deutsche Literatur? München, 1995, v. a. 59–60)
Zeyringer, Klaus: Felders Stiefbruder oder Der verkleidete Erzähler. Robert Schneiders Dorf-Geschichte. In: Materialien*, 55–79

***Literatur zur Postmoderne, zu den neuen Literaturtheorien und zur Didaktik der Gegenwartsliteratur***

Belgrad, Jürgen / Fingerhut, Karlheinz (Hg.): Textnahes Lesen. Annäherungen an Literatur im Unterricht. Baltmannsweiler, 1998
Bogdal, Klaus-Michael (Hg.): Neue Literaturtheorien. Eine Einführung. Opladen, 1990
Bogdal, Klaus-Michael (Hg.): Neue Lit.-

theo. in der Praxis. Textanalysen von Kafkas *Vor dem Gesetz*. Opladen, 1993
Bogdal, Klaus-Michael: Postmoderne, die neue Gründerzeit. In: Praxis Deutsch, 1993, H. 121, 7–10
Eco, Umberto: Nachschrift zum *Namen der Rose*. München, 1984
Engelmann, Peter (Hg.): Postmoderne und Dekonstruktion. Texte franz. Philosophen der Gegenwart. Stuttgart, 1990
Erb, Andreas u. a. (Hg.): Baustelle Gegenwartsliteratur. Die neunziger Jahre. Opladen, 1998
Fingerhut, Karlheinz: Die folgenlose Literatur und der pädagogische Wahn. Deutschdidaktik, Literaturunterricht und die Gegenwartsliteratur. In: Germanistik und Deutschunterricht im Zeitalter der Technologie. Selbstbestimmung und Anpassung. Vorträge des Germanistentages Berlin 1987, Bd. 3, hrsg. v. N. Oellers, Tübingen 1988, 3–19
Fischer-Lichte, Erika: Avantgarde und Postmoderne. Prozesse struktureller und funktionaler Veränderungen. Tübingen, 1991
Förster, Jürgen: Subjekt – Geschichte – Sinn. Postmoderne, Literatur und Lektüre. In: Der Deutschunterricht, 1991, H. 4, 58–79
Förster, Jürgen: Die postmoderne Literatur – Eine Provokation für Wissenschaft und Unterricht? In: Erb (98)*, 224–233
Fohrmann, Jürgen: Über Autor, Werk und Leser aus poststrukturalistischer Sicht. In: Diskussion Deutsch, 1990, H. 116, 577–579
Fohrmann, Jürgen / Müller, Harro (Hg.): Diskurstheorien und Literaturwissenschaft. Frankfurt/M., 1988
Foucault, Michel: Was ist ein Autor? In: Kimmich, Dorothee / Renner, Rolf Günter/ Stiegler, Bernd (Hg.): Texte zur Literaturtheorie der Gegenwart. Stuttgart, 1996, 233–247

* Siehe vorliegendes Literaturverzeichnis.

Hempfer, Klaus W. (Hg.): Poststrukturalismus, Dekonstruktion und Postmoderne. Stuttgart, 1992
Huyssen, Andreas / Scherpe, Klaus R. (Hg.): Postmoderne. Zeichen eines kulturellen Wandels. Reinbek bei Hamburg, 1986
Kammler, Clemens: Vom Nutzen und Nachteil des Literaturunterrichts für das Leben. Poststrukturalistische Literaturdidaktik und Werteerziehung. In: Deutschunterricht, 1997, H. 4, 170–179
Kammler, Clemens: Gegenwartslücken. Anmerkungen zu einem Defizit des Literaturunterrichts. In: Erb (98)*, 186–202
Kemper, Peter (Hg.): Postmoderne oder der Kampf um die Zukunft. Die Kontroverse in Wissenschaft, Kunst und Gesellschaft. Frankfurt/M., 1988
Koslowski, Peter / Spaemann, Robert / Löw, Reinhard (Hg.): Moderne oder Postmoderne? Signatur des gegenwärtigen Zeitalters. Weinheim, 1986
Lützeler, Paul Michael (Hg.): Spätmoderne und Postmoderne. Beiträge zur deutschsprachigen Gegenwartsliteratur. Frankfurt/M., 1991
Spinner, Kaspar H.: Literaturdidaktik der 90er Jahre. In: Bremerich-Vos, Albert (Hg.): Handlungsfeld Deutschunterricht im Kontext. Frankfurt/M., 1993, 23–36
Welsch, Wolfgang: Unsere postmoderne Moderne. Weinheim, 1987
Welsch, Wolfgang (Hg.): Wege aus der Moderne. Schlüsseltexte der Postmoderne-Diskussion. Weinheim, 1988
Wittstock, Uwe (Hg.): Roman oder Leben. Postmoderne in der deutschen Literatur. Leipzig, 1994
Wittstock, Uwe: Leselust. Wie unterhaltsam ist die neue deutsche Literatur? München, 1995
Zima, Peter V.: Die Dekonstruktion. Einführung und Kritik. Tübingen, 1994
Zima, Peter V.: Moderne/Postmoderne – Gesellschaft, Philosophie, Literatur. Tübingen, 1997

## Zeittafel zu Leben und Werk

1961 Robert Schneider wurde in Bregenz (Österreich) geboren und wuchs in einem Bergdorf (Meschach) in den rheintalischen Alpen auf, wo er heute als freischaffender Schriftsteller lebt

1981–1986 Studium der Komposition, Kunstgeschichte und Theaterwissenschaft in Wien

1990 Abraham-Woursell-Award, ein amerikanisches Privatstipendium zur Förderung junger europäischer Autoren, für die Arbeit an seinem ersten Roman *Schlafes Bruder*
Filmdrehbuchpreis des ORF für sein Drehbuch *Die Harmonien des Carlo Gesualdo*
Landespreis für Volkstheaterstücke des Landes Baden-Württemberg für sein Stück *Traum und Trauer des jungen H.* (Uraufführung am 20. 11. 1993 im Schauspielhaus in Hannover)

1992 *Schlafes Bruder* erscheint im Reclam-Verlag Leipzig und erlebt innerhalb weniger Monate 4 Auflagen (über 200 Rezensionen u. a.: Spiegel, FAZ, Die Zeit, Süddeutsche Zeitung, Frankfurter Rundschau, Vogue; Besprechung im ›Literarischen Quartett‹)
Übersetzung in 24 Sprachen: u. a. Dänisch, Englisch, Französisch, Italienisch, Katalanisch, Niederländisch, Norwegisch, Schwedisch, Spanisch, Tschechisch, Türkisch

1993 *Dreck* erscheint im Reclam Verlag Leipzig, Uraufführung am 10. 1. im Thalia Theater in Hamburg. Der dramatische Monolog *Dreck* wird zum meistgespielten Theaterstück der Saison (mehr als 30 Inszenierungen)
Dramatikerpreis der Potsdamer Theatertage
Aufführung des Balletts zu *Schlafes Bruder* im Pfalztheater Kaiserslautern
Die Zeitschrift ***theater heute*** wählt den Autor zum Nachwuchsdramatiker des Jahres
Alemannischer Literaturpreis
Robert-Musil-Stipendium der Stadt Wien

1994 Literaturpreis der Salzburger Osterfestspiele
Prix Médicis Etranger (Frankreich)

1995 Marieluise-Fleißer-Preis der Stadt Ingolstadt
Zwei italienische Preise: Premio Itas del Libro di Montagna und Premio Grinzane Cavour
Joseph Vilsmaiers Film zu *Schlafes Bruder* kommt in die Kinos

1996 Aufführung der Opernversion von *Schlafes Bruder* durch Herbert Willis in Zürich (Libretto von Robert Schneider)

1998 *Die Luftgängerin* erscheint

2000 *Die Unberührten* erscheint als Abschluss der Trilogie (zu der auch *Schlafes Bruder* und *Die Luftgängerin* gehören)